U0040492

謝沅瑾

狗年生肖運勢大解析

二〇一八
戊戌年

自序

我從一九七八年開始學習命理五術風水，無論古籍、通書或現今風水刊物，始終覺得博大精深，浩瀚無底，進而接觸日本、韓國……等各國命理五術刊物，更覺得深淺不一，各有所述。

一九九四年，我開始長期參與各大電視台採訪錄影，談風水命理，到二〇〇三年，受邀《台灣妙妙妙》專業風水節目錄影長達兩年，其間「風水命理界教父」之名不脛而走，用科學角度分析解釋，開創專業風水命理解析先例，深得好評，其收視率之高，首播加上重播長達十年之久。

自二〇〇四年「風水命理教科書系列」出版後，更造成出版界的一股風水命理旋風，第一本風水書銷售二十七萬冊以上的佳績，更是締造命理類書籍的紀錄，出版業甚至有專文討論解析本書瘋狂銷售的原因，除了讓風水普及之外，更讓大家有正確的科學風水觀。一直以來，除了希望讓大家有正確的風水觀念，以免受騙之外，我更希望能夠讓「通書」、「農民曆」和「命理」融合，讓更多的人方便簡單好用。

常常遇到許多年長的媽媽們，一說到「農民曆」，大部分不是因為內容艱澀使她們「看不懂」，要不然就是密密麻麻的字讓她們「看不清楚」，再者，農民曆中往往充斥許多「不知所云」的內容。因此做一本精確、實用、容易閱讀的農民曆，不只是獻給我自己的爸爸、媽媽，更獻給普天之下有

福份的每一位爸爸、媽媽。這本農民曆設計上方便使用、簡單易懂，讓讀者可以自己選擇吉日、吉時，並輕鬆找出每天的財位、貴人、旺方、喜門……等方位，並能避開每天的煞方，讓每個人都能輕鬆趨吉避凶，幫助大家事業有成，事半功倍。

今年更增加了生肖運勢大解析，為大家用生肖與農曆月份排出流年流月，提醒讀者留心自己與家人的運勢，可以提前消災解厄、招財納福。

期望能以此書，讓我的希望理想和座右銘能夠落實在每一位有福氣的朋友身上，那就是：

風水讓富人累積財富，
讓窮人改變命運！

謝沅瑾

謝沅瑾老師大事紀

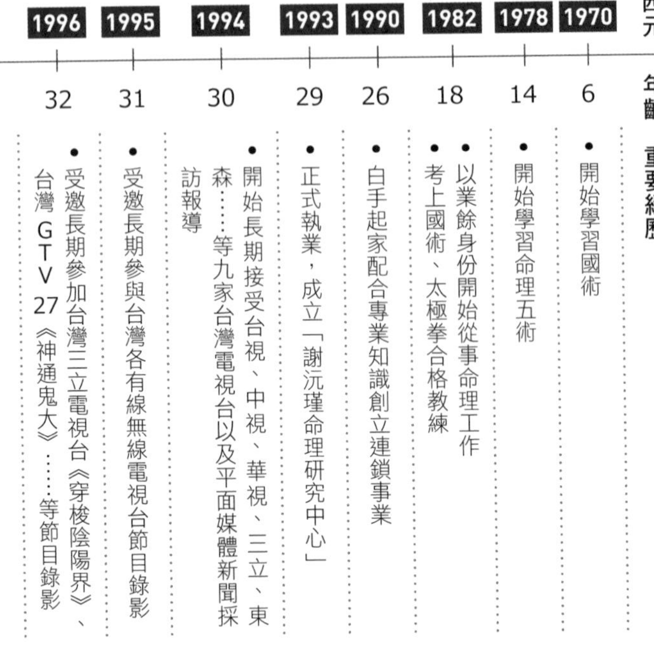

西元	年齡	重要經歷
1970	6	• 開始學習國術
1978	14	• 開始學習命理五術
1982	18	• 以業餘身份開始從事命理工作 • 考上國術、太極拳合格教練
1990	26	• 白手起家配合專業知識創立連鎖事業
1993	29	• 正式執業，成立「謝沅瑾命理研究中心」
1994	30	• 開始長期接受台視、中視、華視、三立、東森……等九家台灣電視台以及平面媒體新聞採訪報導
1995	31	• 受邀長期參與台灣各有線無線電視台節目錄影
1996	32	• 受邀長期參加台灣三立電視台《穿梭陰陽界》、台灣GTV 27《神通鬼大》……等節目錄影

西元	年齡	重要經歷
1997	33	• 受邀長期參加台灣中視電視台《社會秘密案》……等節目錄影
1998	34	• 受邀長期參加台灣超級電視台《星期天怕怕》、台灣八大《神出鬼沒》……等節目錄影
1999	35	• 受邀長期參加日本電視台電視錄影 • 受邀參加台灣東森電視台《鬼話連篇》……等節目錄影長達五年
2000	36	• 受邀長期參加台灣三立電視台《第三隻眼》……等節目錄影
2001	37	• 受邀長期參加台灣東森S電視台《社會追緝令》、台灣GTV 28《命運大作戰》……等節目錄影
2003	39	• 受邀參加台灣中天電視台《台灣妙妙妙》……等節目錄影長達兩年
2004	40	• 受邀參加上海電視台演講錄影 • 風水著作「謝沅瑾風水教科書系列」開始出版

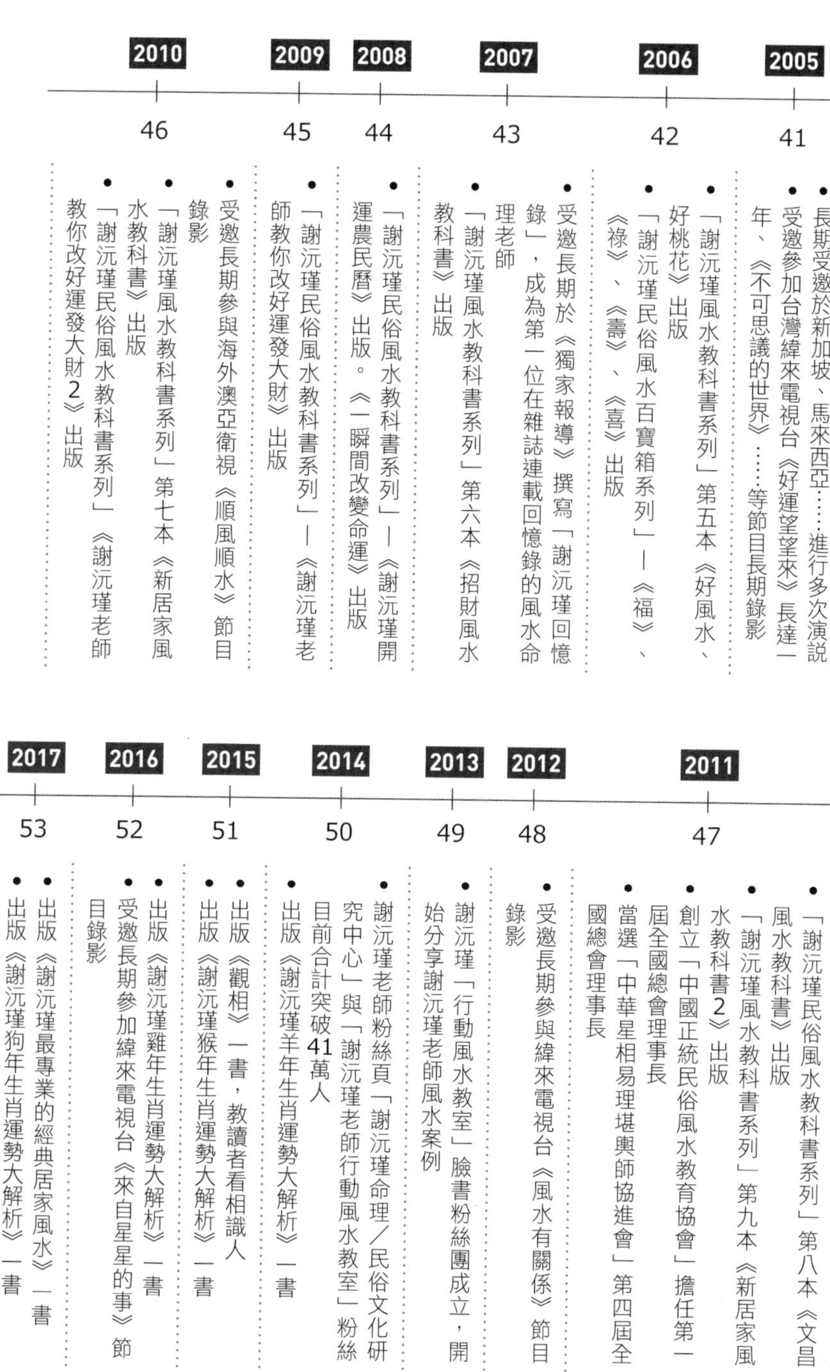

2005 41
- 長期受邀於新加坡、馬來西亞……進行多次演說
- 受邀參加台灣緯來電視台《好運望望來》長達一年、《不可思議的世界》……等節目長期錄影

2006 42
- 「謝沅瑾風水教科書系列」第五本《好風水、好桃花》出版
- 「謝沅瑾民俗風水百寶箱系列」—《福》、《祿》、《壽》、《喜》出版

2007 43
- 受邀長期於《獨家報導》撰寫「謝沅瑾回憶錄」，成為第一位在雜誌連載回憶錄的風水命理老師
- 「謝沅瑾風水教科書系列」第六本《招財風水教科書》出版

2008 44
- 「謝沅瑾民俗風水教科書系列」—《謝沅瑾開運農民曆》出版。《一瞬間改變命運》出版

2009 45
- 「謝沅瑾民俗風水教科書系列」—《謝沅瑾老師教你改好運發大財》出版

2010 46
- 受邀長期參與海外澳亞衛視《順風順水》節目錄影
- 「謝沅瑾風水教科書系列」第七本《新居家風水教科書》出版
- 「謝沅瑾民俗風水教科書系列」《謝沅瑾老師教你改好運發大財2》出版

2011 47
- 「謝沅瑾民俗風水教科書系列」第八本《文昌風水教科書》出版
- 「謝沅瑾風水教科書系列」第九本《新居家風水教科書2》出版
- 創立「中國正統民俗風水教育協會」擔任第一屆全國總會理事長
- 當選「中華星相易理堪輿師協進會」第四屆全國總會理事長

2012 48
- 受邀長期參與緯來電視台《風水有關係》節目錄影

2013 49
- 謝沅瑾「行動風水教室」臉書粉絲團成立，開始分享謝沅瑾老師風水案例

2014 50
- 謝沅瑾老師粉絲頁「謝沅瑾命理／民俗文化研究中心」與「謝沅瑾老師行動風水教室」粉絲目前合計突破41萬人
- 出版《謝沅瑾羊年生肖運勢大解析》一書

2015 51
- 出版《觀相》一書，教讀者看相識人
- 出版《謝沅瑾猴年生肖運勢大解析》一書

2016 52
- 出版《謝沅瑾雞年生肖運勢大解析》一書
- 受邀長期參加緯來電視台《來自星星的事》節目錄影

2017 53
- 出版《謝沅瑾最專業的經典居家風水》一書
- 出版《謝沅瑾狗年生肖運勢大解析》一書

弟子序　胡瑋庭 老師

- 中華堪輿道派亞洲區行政負責人
- 中華堪輿道派宗師府大弟子（謝沅瑾老師入室大弟子）
- 謝沅瑾命理／民俗文化研究中心亞洲區行政負責人
- 中國正統民俗風水教育協會全國總會常務理事

自一九九五年認識謝老師開始，從一個拜託謝老師幫忙看自己家裡風水的人，轉變成一個跟著謝老師看人家家裡風水的人，每天和謝老師一起看風水、八字、姓名學已經十八年，然而謝老師給我的感覺，卻跟二十多年前剛認識時一樣，永遠是那麼熱心、真誠與負責。

在開始和謝老師學習時，謝老師已經是一個媒體寵兒，除了固定時間錄影的兩個節目以外，還隨時都會有媒體想要採訪或邀約錄影。

在每天排得滿滿的風水鑑定行程中，還要挪出時間參加各種錄影與訪問，固然考驗了一個助理的能耐，但更考驗了一個老師的品格和人格。

因為在這二十多年來，眼看著許多老師在電視媒體上進進出出、出現消失，或者自以為有名而張牙舞爪、得意洋洋，甚至在命理業務上獅子大開口的人大有人在，能夠像謝老師一樣，在媒體的包圍之下，依然維持一貫的誠實、謙虛、純樸、熱誠的老師，可說是少之又少。

特別是和謝老師在國際舞台上看著美國、日本、新加坡……等世界各國媒體邀約採訪時，一位真正國際級的大師，受到大家真心的尊重，仍然能夠保持平常心，對待所有的人，那種感覺，才是我真正感動的地方。

謝老師要求每一位弟子，一定要有人飢己飢，人溺己溺的精神，並常說道：「法律之前人人平等，相同的，在當老師的人面前也應該是一樣人人平等，絕對不可分貧富貴賤，任何人都有改變命運的權利！」所以和謝老師一起走過的這十八年間，無論是達官貴人，或是一般民眾，謝老師從不分貧富貴賤，都是一樣認真謙虛的對待。

謝老師常常犧牲用餐時間，餓著肚子，還認真的聽每一個人說著自己的問題，看在眼裡，感動湧現在心裡。

在這二十多年中，有好幾次遇到家中發生急難的人，不計一切代價，甚至直接捧著大把鈔票前來，只希望事情能越早處理好越好。這種情況要換做是其他老師，有的可能就照單全收，甚至還趁火打劫，想盡辦法敲竹槓的大有人在，但謝老師不但沒有如此，甚至見到當事人原本就家境困苦，更是伸出援手免費幫忙解決問題，這種善行義舉，對天天和謝老師一起東奔西跑，救苦救難的我們，更是如數家珍。

由於長期在謝老師身邊的關係，謝老師在風水命理姓名學上的專業與準確，對我而言已如同家常便飯，見怪不怪，然而眼看著一位命理老師，長期處在這樣的地位與聲望中，卻依然能保有當年的那股熱情與原則，對我們這種經歷無數，聽過成千上萬家庭的喜怒哀樂的人來說，謝老師的「一路走來始終如一」才是我最敬佩他之處。

弟子序 于子芸 老師

• 中華堪輿道派宗師府二弟子（謝沅瑾老師入室二弟子）
• 謝沅瑾命理／民俗文化研究中心總部暨新加坡分部專任解說老師
• 中國正統民俗風水教育協會全國總會副理事長

自一九八四年與謝老師認識，從相信風水、瞭解風水，進而接觸姓名學，在這麼多年接觸學習的過程中，深知謝老師將所學到的知識，毫無保留的傳授給弟子們。

謝老師告誡弟子們：「要把有用的學問，幫助需要幫助的人，絕不能分貧、富、貴、賤。」更不能用自己所學的學問，去做坑、矇、拐、騙的事去害別人，因為我們所說的任何一句話，都有可能會影響到別人的一生，所以說話必須實在，不要誇大，要將別人的問題，用誠懇的心去處理事情、解決問題。

謝老師始終認為，人應該為自己說的話負責，而謝老師許多傳承自師尊的告誡，像是「稻子愈成熟，頭就要垂得愈低。」、「一個人有三分才華，就要有七分謙虛。」不管擁有多強的實力，身處多高的地位，處事低調、謙虛、誠懇，這些特質從謝老師身上便可看到，這也是老師給弟子們的座右銘，我們時時刻刻都謹記在心。

謝老師是一位無私奉獻、值得尊敬的老師，在教授風水上面，毫不藏私，毫無保留地用最簡單的詞彙，清楚明白的教弟子們和電視機前的每一位觀眾。在世界各國各地的演講中，總有無數的命理老師會到現場聽演講，當我們問老師為什麼還是毫無保留的傳授和回答時，謝老師很認真的跟我們講：「這有什麼關係嗎？正確的命理風水知識，如果可以讓每一個人或每一個老師，有更正確的觀念，去幫助更多需要幫助的人時，其實就是傳播善知識，不是一件很好的事嗎？」

這與許多別的老師藏私、嫉妒、自大的態度相比較，有如天壤之別，更加深了我們對謝老師的尊敬，難怪有這麼多人都稱謝老師為「風水命理界的教父」！

謝老師還常說，學問是學無止境，活到老，學到老。謝老師出書，是為了要讓更多的人瞭解風水、命理，進而無形中能幫助更多的人，誠如謝老師所言：「風水讓富人累積財富，讓窮人改變命運。」

我們非常感恩謝老師的教誨，不僅學習到很多專業方面的知識，也學習到許多待人處事的方法與態度，今後我們將秉持謝老師「幫助所有需要幫助的人」的理念，繼續將謝老師服務濟世的精神傳承下去，幫助更多需要幫助的人。

弟子序 李秉蓁 老師

- 中華堪輿道派德國分部負責人
- 中華堪輿道派宗師府五弟子（謝沅瑾老師入室五弟子）
- 中國正統民俗風水教育協會全國總會理事

中國近代「風水史」中，最功不可沒的一人

「風水」這個名詞，是中國在二十一世紀中，令外國朋友印象最深刻的一個詞彙。而中國近代「風水史」中，最功不可沒的一人，非台灣最知名的國際級大師，「謝沅瑾」老師莫屬了。

謝沅瑾老師是台灣第一個純「風水」節目的開山始祖（台灣妙妙妙），自二〇〇三年開播以來，老師的影響力遍及台灣、新加坡、馬來西亞、印尼、美國……連遠在德國的我們也深受其影響。之後二〇〇五年第二個專業風水節目在緯來電視台的「好運望望來」。二〇一〇年澳門「澳亞衛視」的「順風順水」開創了兩岸四地第一個看得見的專業風水節目。二〇一二年緯來電視台的「風水！有關係」……等節目，都是在各地創造高收視率，引領世界各地對中國「風水」一詞研究探討的重要人物，其影響力，在中國「風水文化」歷史定位中是不可抹滅的。不但在世界各地開創了大家對風水的一個新的熱潮，也引領大家對於中國傳統風水的印象，有了非常大的改變。

謝沅瑾老師是第一位在電視上公開用科學的角度解析風水，用現代化顯淺易懂的詞彙分析，把幾十年來的研究，中國人的智慧，大家不論年紀、知識水平的高低，都能理解風水影響的老師。有別於「傳統風水」印象，由於各家秘密不願公開，老師們又各自藏私的重大差別。所以才會被尊稱為「台灣風水命理界的教父」！

遠在德國的我們，也和許多中國人、海外僑胞學子一樣，都是看「謝沅瑾」老師的節目，一路過來的，從自己修正調整，改變風水到親自到台灣取經，登門拜訪謝老師，最令人驚訝的是，「謝沅瑾老師」電視上忠厚老實，和藹親民的印象，在私底下，居然和電視上一模一樣，感覺上就像認識謝老師，很久很久了一樣。而遠在美國也有學子們的論文，和我們一樣是專程到台灣專訪謝老師寫的，連各國的電視台，Discovery Channel……等國際性的節目，也一再到台灣拜訪「謝沅瑾老師」做各種主題性的專訪。

不論您在世界何處，不管您看的是「謝沅瑾老師」的節目或書籍，都祝福您能和我們一樣平安幸福，讓謝沅瑾老師的精神延續下去，「幫助到所有需要幫助的人」，記住老師的名言「風水！讓富人累積財富！讓窮人改變命運！」

目錄

五 戊戌年風水運用大全

戊戌年命名大全

七

招財補運DIY

生肖運勢大解析

戊戌年百歲年齡生肖對照表

年份	生肖	年齡
一九一九（8年）	己未羊	100歲
一九二〇（9年）	庚申猴	99歲
一九二一（10年）	辛酉雞	98歲
一九二二（11年）	壬戌狗	97歲
一九二三（12年）	癸亥豬	96歲
一九二四（13年）	甲子鼠	95歲
一九二五（14年）	乙丑牛	94歲
一九二六（15年）	丙寅虎	93歲
一九二七（16年）	丁卯兔	92歲
一九二八（17年）	戊辰龍	91歲
一九二九（18年）	己巳蛇	90歲
一九三〇（19年）	庚午馬	89歲
一九三一（20年）	辛未羊	88歲
一九三二（21年）	壬申猴	87歲
一九三三（22年）	癸酉雞	86歲
一九三四（23年）	甲戌狗	85歲
一九三五（24年）	乙亥豬	84歲
一九三六（25年）	丙子鼠	83歲
一九三七（26年）	丁丑牛	82歲
一九三八（27年）	戊寅虎	81歲
一九三九（28年）	己卯兔	80歲
一九四〇（29年）	庚辰龍	79歲
一九四一（30年）	辛巳蛇	78歲
一九四二（31年）	壬午馬	77歲
一九四三（32年）	癸未羊	76歲
一九四四（33年）	甲申猴	75歲
一九四五（34年）	乙酉雞	74歲
一九四六（35年）	丙戌狗	73歲
一九四七（36年）	丁亥豬	72歲
一九四八（37年）	戊子鼠	71歲
一九四九（38年）	己丑牛	70歲
一九五〇（39年）	庚寅虎	69歲
一九五一（40年）	辛卯兔	68歲
一九五二（41年）	壬辰龍	67歲
一九五三（42年）	癸巳蛇	66歲
一九五四（43年）	甲午馬	65歲
一九五五（44年）	乙未羊	64歲
一九五六（45年）	丙申猴	63歲
一九五七（46年）	丁酉雞	62歲
一九五八（47年）	戊戌狗	61歲
一九五九（48年）	己亥豬	60歲
一九六〇（49年）	庚子鼠	59歲
一九六一（50年）	辛丑牛	58歲
一九六二（51年）	壬寅虎	57歲
一九六三（52年）	癸卯兔	56歲
一九六四（53年）	甲辰龍	55歲
一九六五（54年）	乙巳蛇	54歲
一九六六（55年）	丙午馬	53歲

一九六七（56年）	丁未羊	52歲
一九六八（57年）	戊申猴	51歲
一九六九（58年）	己酉雞	50歲
一九七〇（59年）	庚戌狗	49歲
一九七一（60年）	辛亥豬	48歲
一九七二（61年）	壬子鼠	47歲
一九七三（62年）	癸丑牛	46歲
一九七四（63年）	甲寅虎	45歲
一九七五（64年）	乙卯兔	44歲
一九七六（65年）	丙辰龍	43歲
一九七七（66年）	丁巳蛇	42歲
一九七八（67年）	戊午馬	41歲
一九七九（68年）	己未羊	40歲
一九八〇（69年）	庚申猴	39歲
一九八一（70年）	辛酉雞	38歲
一九八二（71年）	壬戌狗	37歲
一九八三（72年）	癸亥豬	36歲
一九八四（73年）	甲子鼠	35歲
一九八五（74年）	乙丑牛	34歲
一九八六（75年）	丙寅虎	33歲
一九八七（76年）	丁卯兔	32歲
一九八八（77年）	戊辰龍	31歲
一九八九（78年）	己巳蛇	30歲
一九九〇（79年）	庚午馬	29歲
一九九一（80年）	辛未羊	28歲
一九九二（81年）	壬申猴	27歲
一九九三（82年）	癸酉雞	26歲
一九九四（83年）	甲戌狗	25歲
一九九五（84年）	乙亥豬	24歲
一九九六（85年）	丙子鼠	23歲
一九九七（86年）	丁丑牛	22歲
一九九八（87年）	戊寅虎	21歲
一九九九（88年）	己卯兔	20歲
二〇〇〇（89年）	庚辰龍	19歲
二〇〇一（90年）	辛巳蛇	18歲
二〇〇二（91年）	壬午馬	17歲
二〇〇三（92年）	癸未羊	16歲
二〇〇四（93年）	甲申猴	15歲
二〇〇五（94年）	乙酉雞	14歲
二〇〇六（95年）	丙戌狗	13歲
二〇〇七（96年）	丁亥豬	12歲
二〇〇八（97年）	戊子鼠	11歲
二〇〇九（98年）	己丑牛	10歲
二〇一〇（99年）	庚寅虎	9歲
二〇一一（100年）	辛卯兔	8歲
二〇一二（101年）	壬辰龍	7歲
二〇一三（102年）	癸巳蛇	6歲
二〇一四（103年）	甲午馬	5歲
二〇一五（104年）	乙未羊	4歲
二〇一六（105年）	丙申猴	3歲
二〇一七（106年）	丁酉雞	2歲
二〇一八（107年）	戊戌狗	1歲

戊戌年十二生肖整體運勢大解析

整體運勢　最佳前三名

❶一九九〇年（79年）　庚午馬　29歲

表現最為出眾，三合貴人出現，做任何事情都事半功倍，整體發展狀態最好，是做事最順的一年。

❷一九六五年（54年）　乙巳蛇　54歲

整體運勢強，各方面都能精準的掌握，再加上今年福星入宮、吉星相助，容易有貴人幫忙、提拔。

❸一九七一年（60年）　辛亥豬　48歲

今年太陽星入宮，男性運勢特別旺，做事方面如虎添翼，容易得到貴人相助，尤其是異性貴人。

整體運勢　最差前三名

❶一九七六年（65年）　丙辰龍　43歲

本年度太歲正沖，容易發生漏財的問題，出外也要多加小心，避免發生血光及荷包損失。

❷一九八二年（71年）　壬戌狗　37歲

整體運勢而言，工作方面壓力會比較大，做事備受壓制，有一種施展不開來的感覺。

❸一九四三年（32年）　癸未羊　76歲

大運上面有不足的地方，運勢相對較低，盡量不要做任何投資，各方面宜保守。

財運最佳前三名

❶一九九〇年（79年）　庚午馬　29歲

今年由於天干相生、地支三合，整體運勢佳，財運也跟著水漲船高，尤其理財方面會有貴人幫忙。

❷一九六五年（54年）　乙巳蛇　54歲

今年的整體運勢暢旺，加上有福星入宮，五行組合也很好，連帶的財運也讓人稱羨。

❸一九八五年（74年）　乙丑牛　34歲

本年度出生的女性，運途不錯，容易得到貴人協助，財運上有勞有得，要多把握。

❸一九九五年（84年）　乙亥豬　24歲

本年度出生的男性朋友，今年的運勢也不錯，凡事按部就班，步步為營，會有讓人滿意的財運。

財運最差前三名

❶一九五二年（41年）　壬辰龍　67歲

今年運勢較為低迷，切記避免從事投資活動，尤其是股票、珠寶、重金屬一類的，以減少損失。

❷一九八二年（71年）　壬戌狗　37歲

本年度出生的朋友，今年做事務必保守，小心處處碰釘子，投資方面切記一定要謹慎應對為宜。

❸一九九三年（82年）　癸酉雞　26歲

今年屬於財運較不佳的狀況，受到運勢的影響，要特別注意因為自己或父母的身體問題所導致的破財。

事業最佳前三名

❶一九九〇年（79年）　庚午馬　29歲

今年整體運佳、貴人運佳，自然在事業上的助力也大增，工作發展可說是盡如人意。

❷一九六五年（54年）　乙巳蛇　54歲

今年福星入宮，又有吉星相助，容易有貴人出現，雖然偶爾會感受到一點工作上的壓力，但有辛苦才會有收穫。

❸一九八五年（74年）　乙丑牛　34歲

本年度出生的女生，今年有貴人幫忙，工作上是有勞就有所得的狀況。只要把握好的運勢，不愁沒有一番成果。

❸一九七一年（60年）　辛亥豬　48歲

本年度的男性朋友適逢太陽星入宮，做事方面容易得到異性貴人的相助，得以擺脫先前較為低迷的狀況。

事業最差前三名

❶一九四〇年（29年）　庚辰龍　79歲

雖然整體運勢還可以，但以事業方面來説算是較為不利的，如果還在工作上打拚的朋友，記得放慢腳步，謹慎行事。

❷一九八二年（71年）　壬戌狗　37歲

今年運途較不佳，事業運也比較低迷，除了處處受制於人之外，工作上容易被上司關注，壓力大。凡事盡量忍耐，當作學習的歷程。

❸一九七三年（62年）　癸丑牛　46歲

本年度出生的男性，今年因為運勢較低潮，感受到的壓力大，事業也比較施展不開來，切記凡事不要過於固執。

桃花最佳前三名

❶ 一九九〇年（79年） 庚午馬 29歲

貴人運佳，尤其是異性貴人會有所幫助，但要注意控制好自己的脾氣，順境時也要謙卑。

❷ 一九九七年（86年） 丁丑牛 22歲

針對女性朋友來說，今年的桃花運特別旺，如果有適合的對象和機會，不妨好好經營把握，或許有好的結果。

❸ 一九九三年（82年） 癸酉雞 26歲

本年度雖然桃花運還算不錯，但要注意的是，在感情的交往上，適合年齡差距至少三歲以上的組合為宜。

桃花最差前三名

❶一九八三年（72年）　癸亥豬　36歲

今年太陽星入宮，對本年度出生的女性桃花運影響大，是感情運比較不好的一群，特別要留意有心人士的接近，容易引起感情糾紛。

❷一九七三年（62年）　癸丑牛　46歲

就本年度出生的男生而言，出現的桃花是所謂的「無情之合」，切記，年齡越接近的組合越不好。

❸一九六三年（52年）　癸卯兔　56歲

今年比較容易出現不好的桃花，如果有準備交往的打算，要慎選對象。

預防健康問題前三名

❶一九六三年（52年）　癸卯兔　56歲

今年的運勢比較不好，因有凶星入宮，在身體方面會受到一些影響，要特別注意身體健康，有關於疾病、喪事的場合都盡量避免參加。

❷一九七二年（61年）　壬子鼠　47歲

本年度出生的朋友，今年是壓力比較大的一年，有可能是來自長輩的、工作場合的，讓人感到鬱悶。記得多紓壓，培養正面的情緒。

❸一九六二年（51年）　壬寅虎　57歲

本年度小人多，容易因旁人的蠱惑而產生糾紛衝突，造成自己的煩惱及損失，記得多出外走走、運動，維持好心情，對健康有益。

預防血光意外前三名

❶一九五二年（41年）　壬辰龍　67歲

本年度因為正沖的關係，要預防意外血光之災，不管出外交通、運動，甚至走路，都要注意安全，勤保養。

❷一九四六年（35年）　丙戌狗　73歲

適逢太歲年，影響相對比較大，要留意不小心出現受傷、血光、開刀的狀況，平日起居步調不要急促，也要注重保養、運動。

❸一九六六年（55年）　丙午馬　53歲

今年在交通方面要注意血光之災，平日為人處事也要多加忍耐，盡量不與人發生衝突，稍微多加注意，可保自身平安。

戊戌年十二生肖流年、流月解析

肖鼠者運勢

（23、35、47、59、71、83歲）

⊙本年運勢

屬鼠的朋友，本年度有喪門星入宮，因此要盡量遠離疾病、喪事的場合，也要預防家裡有相關的事情發生。平時避免跟親人發生爭執，還要多多幫助別人、行善，多累積福德。也建議今年盡量不做投資，以免發生失利的狀況。除此之外，其他方面的運勢則還算不錯。

一九三六年（25年）　丙子鼠　83歲

今年整體來說，財運比較不好，特別留意身體健康，也不要隨便投資，以免遭受損失。盡量避免探病與喪事的場合。

一九四八年（37年）　戊子鼠　71歲

今年運勢持平，平時注意身體保養，留意飲食，照顧好自己的健康，就不會有太大問題。行有餘力時，多多行善積德。

一九六〇年（49年）　庚子鼠　59歲

今年整體運勢很不錯，貴人運、長輩運都很好，所以事業財運各方面都會有不錯的表現。可以趁著好運勢衝刺一下事業。

一九七二年（61年）　壬子鼠　47歲

今年是壓力比較大的一年，會有來自長輩、上司給的壓力，甚至連工作本身都會讓人很鬱悶。記得適時紓壓，培養正向的心態來面對。

一九八四年（73年）　甲子鼠　35歲

今年是運勢還不錯的一年，雖然有辛苦，難免感受到壓力，但只要努力拚搏，成果也不會少，是有勞就有成的一年。

一九九六年（85年）　丙子鼠　23歲

今年要多注意財運方面的問題，比較不適合投資、創業，容易遭受損失。支出方面也要特別留意規劃，否則容易亂花錢。除此之外，其他方面都還不錯喔。

每月運勢

(平) **一月運勢：**本月運勢中上，一開春就有個好兆頭，可以趁著新春期間到各大廟宇拜拜，增強自己的好運勢。

(凶) **二月運勢：**本月運勢較低迷，比較容易跟人發生爭執、口角，凡事以人和為重。另外女性朋友要注意婦科問題。

(吉) **三月運勢：**本月逆勢上揚，貴人、財運都站到你這邊來了，可以好好利用這股好運，在事業、課業上多多衝刺。

(平) **四月運勢：**本月運勢雖沒有上個月那麼好，但只要盡量避免探病、喪事的場合，就不會有太大問題。

(凶) **五月運勢：**本月在團隊合作、與人溝通上，特別容易有意見不合的狀況產生，重要的合作案盡量避開本月。

(凶) **六月運勢：**本月要特別注意刻意接近你的異性，小心處理，否則容易變成爛桃花，進而帶來金錢的損失。

(吉) **七月運勢：**本月你總算可以鬆口氣，特別是跟人合夥、合作的事業可望進展順利，關鍵時刻都有貴人相助，財運也很不錯喔。

(凶) **八月運勢：**如果上個月你順利開啟了合作案，這個月可能要小心來自內部的爭執，有可能會讓合作破局。記得盡量溝通、退一步海闊天空。

(平) **九月運勢：**本月運勢平吉，一分耕耘一分收獲，只要付出努力，就能維持成果，平日也可以多行善，為自己累積福份。

(吉) **十月運勢：**本月整體運勢有很大的提升，貴人會為你帶來很大助力，各方面都有很不錯的進展，要好好把握喔。

(平) **十一月運勢：**本月相對來説比較平順，可趁此機會好好打理家務，或充實自己的專業，有機會多幫助別人，自己的運勢也會跟著提升喔。

(吉) **十二月運勢：**本月運勢非常暢旺，過年前趁著這股好運，好好努力衝刺，貴人將會讓你的表現被大家看見，有升官加薪的機會。

肖牛者運勢

（22、34、46、58、70、82歲）

⊙本年運勢

屬牛的朋友，今年因太陰星入宮，所以尤其是女性朋友，運勢將特別的旺，告別多年的平淡，算是揚眉吐氣，各方面來說像是事業、感情都會比較順利，也有異性貴人協助，像是上司、朋友、事業夥伴等，都有幫助。男性朋友今年運勢就較普通，還要注意避免產生爛桃花，與異性主管、同事間保持在工作上的來往即可。

一九三七年（26年）　丁丑牛　82歲

今年運勢平平，要特別注意財運方面的問題，容易因為固執己見而損財。也比較容易因為跟別人想法不同而有摩擦，記得退一步海闊天空喔。

一九四九年（38年）　己丑牛　70歲

今年運勢比較平順，女性朋友的貴人運旺，各方面都會受到助益。凡事不要太強出頭，不要與人爭執，就能夠一切平安。

一九六一年（50年）　辛丑牛　58歲

今年的運勢很不錯。尤其女性朋友在工作上很容易受到異性的幫助，而有很好的進展。男性朋友則要多留心爛桃花的問題。

一九七三年（62年）　癸丑牛　46歲

今年的運勢比較低迷，會感受到比較大的壓力，記得不要太固執。另外，男性朋友要特別注意感情問題，慎選對象。

一九八五年（74年）　乙丑牛　34歲

今年運勢很不錯，會受到貴人的幫忙，工作上雖然壓力大，但獲得也不少。不過感情方面的問題，尤其是男性朋友，要多加留意。

一九九七年（86年）　丁丑牛　22歲

本年度出生的朋友，要管好自己的荷包，今年比較容易漏財，可能出門逛街一不小心就花費過多。男性朋友則容易因為感情而損財，盡量避免涉足聲色場所。

每月運勢

㊥平 **一月運勢：**本月運勢平順，不妨趁著新春期間，好好陪伴家人，四處走春，女性朋友有機會認識不錯的對象喔。

㊥平 **二月運勢：**本月運勢持平，保守行事，腳踏實地的做事，雖然偶爾會有挫折感，但不要太固執己見，都能迎刃而解。

㊇凶 **三月運勢：**本月要特別注意溝通的問題，尤其跟人合作時，內部可能會有矛盾產生，爭執不斷，還好有吉星照臨，女性朋友會有異性貴人來解圍，男性朋友則要小心爛桃花。

㊀吉 **四月運勢：**本月運勢很不錯，上個月的陰霾一掃而空，各方面都有貴人幫助，適合與人合夥，財運暢旺，女性朋友有機會認識不錯的對象。

㊇凶 **五月運勢：**本月份男性朋友要特別小心感情問題，盡量不要涉足聲色場所，小心處理男女關係，否則容易因此造成金錢上的損失。

㊇凶 **六月運勢：**本月運勢較低迷，你可能經常會覺得跟人雞同鴨講，周遭的人像是故意跟你唱反調，總是跟你意見相反，讓你很挫折。好好調整自己的心態，正向面對。

㊣**七月運勢：**本月運勢平平，適逢農曆七月，凡事盡量低調，工作上依照平日步調進行，不要強出頭，守成即能帶來好運。

㊎**八月運勢：**本月運勢整體上揚，做起事來很順暢，感覺自己也變得圓融許多，適合跟人洽談合作，女性朋友也適合商談婚事。

㊋**九月運勢：**本月運勢較不順，各方面挫折感會比較重，也會感覺大家好像都不了解你，因而覺得很孤獨。放開心胸，不要鑽牛角尖，就可以迎刃而解。

㊎**十月運勢：**本月運勢大好，各方面進展順利，有想要推行的案子、想要實現的理想，都可以在本月份啟動，貴人會為你帶來實質的幫助。

㊎**十一月運勢：**本月運勢更加暢旺，事業運很不錯，女性朋友有良好的異性緣，在感情與事業上都加分不少，如果有不錯的對象可以好好把握。

㊣**十二月運勢：**本月運勢持平，雖然沒有上個月旺，但各方面也都很不錯。年關將至，應酬、交際多，男性朋友要注意爛桃花的問題。

肖虎者運勢

（21、33、45、57、69、81歲）

⊙本年運勢

屬虎的朋友，本年度五鬼星入宮，而五鬼代表小人，所謂「閻王好惹，小鬼難纏」，不論男性女性都要慎防小人陷害，遇事則要小心查證、判斷清楚再做決定，避免受誤導。好在今年也有三合吉星降臨，因此像健康、工作、投資、考試運等都算不錯。整體而言，對自己有信心一點，各方面還是會有好的發展。

一九三八年（27年）　戊寅虎　81歲

今年運勢不錯，有吉星照臨，貴人運強，各方面都會獲得助力。只要特別注意，不要聽信小道消息，不受流言蜚語影響，就能平順度日。

一九五〇年（39年）　庚寅虎　69歲

今年是屬虎者之中運勢第二好的，財運很不錯，凡事都有貴人來相助。不過，要特別注意防小人，投資方面仔細思考，以免損財。

一九六二年（51年）　壬寅虎　57歲

今年會比較有壓力，雖然財運旺、貴人運也不錯，但小人也多，記得不要因為旁人的蠱惑，而跟他人起糾紛衝突，造成自己的損失喔。

一九七四年（63年）　甲寅虎　45歲

今年的運勢是屬虎者之中最好的，工作上雖然壓力不小，但總是有貴人幫忙迎刃而解，財運也很旺。避免無謂的口舌是非，就能維持好運勢。

一九八六年（75年）　丙寅虎　33歲

今年各方面運勢比較低迷一點。好壞起伏比較大，雖然財運不錯，但漏財的機會也很高，投資前要三思，工作方面盡量避免是非糾紛。

一九九八年（87年）　戊寅虎　21歲

今年運勢持平，貴人運不錯，只要好好努力，在事業跟財運上都能有收穫。切記不要跟人聊是非，或者強出頭捲入無端紛爭。

每月運勢

㊣ **一月運勢：**本月運勢平順，加上今年有吉星入宮，做事順利。但另一方面，今年也犯五鬼，可趁農曆正月十五日前到廟裡制五鬼，提升運勢。

吉 **二月運勢：**本月運勢很不錯，雖然還是要防範小人暗害，但是因為貴人運很旺的緣故，各方面都會有很好的發展。

吉 **三月運勢：**本月持續上個月的好運勢，可以趁著貴人助力很強的時候，啟動新的計畫或者跟人合夥的事項，都會比較容易成功。

凶 **四月運勢：**本月運勢不佳，特別要小心小人暗害，不要隨便聽信別人三言兩語，就貿然投資，容易造成財務上的損失。本月的感情運也比較不好，要謹慎處理感情問題。

吉 **五月運勢：**本月運勢很不錯，尤其財運與事業運都很旺，但是與人合作、投資，還是要謹慎評估，因為凶星影響的因素，貴人或小人，可別傻傻分不清楚。

平 **六月運勢：**本月運勢平平，是較為平順的日子，可以為自己安排旅行或學習的課程，好好充電。一方面有機會也要多多行善，多多積德。

凶 **七月運勢：**本月份是要特別注意的月份，不僅犯小人，也很容易跟人有爭執、意見不合，尤其要控制自己的情緒，凡事低調忍耐，才能將不好的影響降到最低。

平 **八月運勢：**本月運勢好轉，你可以鬆一口氣，好好調整自己的步伐，雖然防小人還是你要注意的課題，但只要穩健踏實，相信小人也不會有見縫插針的機會。

吉 **九月運勢：**本月運勢很不錯，事業上跟同事間的相處很圓融，合作起來也很順暢，讓你心情很不錯。另外，財運也很好，但還是不能聽信旁人的話而亂投資，以免損財。

吉 **十月運勢：**本月運勢吉中帶凶，一方面有貴人幫助，做起事來比較順暢，但一方面也帶著破局與內部爭執的隱憂。面對糾紛要好好用智慧去處理，多借助貴人的幫助，少堅持己見，就能度過。

平 **十一月運勢：**本月運勢持平，年關將至，可以趁此機會好好打理居家環境。也可以利用這段時間，好好經營職場上的人際關係，降低小人出現的機會，提升自己的運勢。

平 **十二月運勢：**本月運勢中上，再加上財運不錯，只要工作上穩紮穩打，穩健努力，不要強出頭，年終是很可以期待的唷。

肖兔者運勢

（20、32、44、56、68、80歲）

⊙本年運勢

屬兔的朋友今年犯死符，因此少去喪事場合，盡量勿探病。健康方面除了自己留意之外，也要關心家中長輩的狀況。簡言之，身體有問題就去看醫生，勿聽信祕方，避免積勞成疾。除此之外，今年整體運勢其實並不差，財運還不錯。多行善助人，在各方面就會加分。

一九三九年（28年）　己卯兔　80歲

今年的運勢持平，雖然有凶星入宮，但是也有六合吉星照臨。只要平日多注意自己的身體健康，養成良好生活習慣，就不會有太大問題。

一九五一年（40年）　辛卯兔　68歲

今年的運勢滿不錯的。貴人運很好，做事相對順遂。平日保持良好心態，盡量不要去喪事、探病場合，就能維持好運道。

一九六三年（52年）　癸卯兔　56歲

本年度出生的朋友，是屬兔裡面運勢比較不佳的。各方面都感受到比較大的壓力。要特別注意身體健康，疾病、喪事的場合都盡量避免前往。

一九七五年（64年）　乙卯兔　44歲

本年度出生的朋友，是屬兔裡運勢最好的，只要有努力就能看到成果。唯獨感情方面，可能會因為你太拚事業，忽略對方而感受到壓力。另外也要注意腸胃問題。

一九八七年（76年）　丁卯兔　32歲

今年的運勢比較低迷，尤其財運、自己跟家人的健康方面都要好好注意，會有因為健康問題而漏財的可能。

一九九九年（88年）　己卯兔　20歲

今年的運勢持平，不過在吉星照臨的狀況下，貴人運還是很不錯的，可趁機好好發展事業。另外，多注意自己以及家人的健康即可。

每月運勢

(吉) **一月運勢：**今年一開春就有好運道，貴人運很旺，讓你各方面都喜洋洋。但還是會受到凶星的影響，要多注意身體健康，新春期間可別暴飲暴食喔。

(平) **二月運勢：**本月運勢平平，可以趁此機會好好規劃一下今年的新計畫，打理居家環境，讓開年有個新氣象。同時也要多關心家裡長輩的身體健康，一有問題就要馬上處理。

(吉) **三月運勢：**本月份吉中帶凶，尤其要特別注意感情問題，如果有遇到新對象，建議要多觀察。財務上也有漏財的可能，但還好本月的貴人運很不錯，只要小心謹慎，就能度過難關。

(平) **四月運勢：**本月運勢平順，沒有太大起伏的日子，趁著春天天氣還不錯，可以戶外踏青，或者給自己安排一個健康檢查，好好保養與照顧身體，是今年的重要課題喔。

(凶) **五月運勢：**本月運勢不佳，做事容易跟人有爭執，與人合作的部分，更是容易出現內部矛盾，甚至最後導致破局的可能。建議你遇到問題要先冷靜，好好溝通再做決定，以免造成不必要的損失。

(吉) **六月運勢：**本月可以大大的鬆一口氣，先前做事上面的不順利都有機會好轉，因為在這個月你的貴人運超強，卡關的時候都會有人出手相助，財運也很不錯，好好把握喔。

(平) **七月運勢：**本月運勢雖然沒有上個月那麼旺，但整體而言也是很不錯的，只要做事按部就班，探病、喪事場合盡量避免參加，平日的飲食均衡，就能度過愉快的一個月。

(凶) **八月運勢：**本月運勢不佳，一不小心就容易暴走，或是跟夥伴在溝通、做事方面，總是不對盤，你想往南，他就要往北，觀念想法上的衝突很多。要調整好心態，保持微笑，正向以對。

(吉) **九月運勢：**本月的運勢很不錯，一掃上個月的烏煙瘴氣，壓力小了，自然處事方面也圓融多了，有想要提案的合作、合夥的規劃，都可以在這個月進行，比較容易有談成的機會喔。

(吉) **十月運勢：**本月運勢延續上個月的強運，仍然是可以讓你笑顏逐開的一個月，貴人運跟財運尤其強，事業上可以好好把握，努力衝刺。但仍要多注意身體健康，一有小病就要就醫，以免造成嚴重問題。

(凶) **十一月運勢：**本月份的運勢比較低迷，各方面的壓力匯聚過來，讓你動不動就想跟人吵架，或者隨時都有人要來挑你毛病，爭執口角不斷，是比較辛苦的月份，女性朋友則要多注意婦科問題。

(平) **十二月運勢：**本月運勢相較之下輕鬆許多，年關將至，可以把時間精力花在除舊布新上。另外，多花一點時間在家人身上，好好關心他們的生活與健康，一起迎接新的一年。

肖龍者運勢（19、31、43、55、67、79歲）

⊙本年運勢

屬龍的朋友今年適逢正沖，所謂「太歲當頭坐，無喜必有禍」，是個要凡事小心、勞神傷身的年份。除了預防血光，金錢耗損外，也要避開口舌是非、官司等，無論男性、女性，出外都要小心。民俗上建議正月十五前到廟裡安太歲，平時行事保持低調、謹慎，以化解可能的災厄。

一九四〇年（29年）　庚辰龍　79歲

本年度出生的朋友，是屬龍裡頭運勢第二好的。但因為有歲破凶星，還是要特別小心，記得農曆正月十五日前到廟裡安太歲、點光明燈，降低凶星的影響。

一九五二年（41年）　壬辰龍　67歲

今年的運勢比較低迷，可以明顯感受到來自各方面的壓力，一定要保持良好的心態，盡量避免跟他人有爭執、糾紛，以免遭受血光、漏財之災。

一九六四年（53年）　甲辰龍　55歲

今年雖然難免會感受到壓力，不過有勞就有獲，是衝刺事業很不錯的一年。但容易跟別人意見不合，記得要好好控制自己的脾氣。

一九七六年（65年）　丙辰龍　43歲

今年有漏財的可能。外出交通要小心，身體健康的問題也要注意，平時要管好自己的荷包，以免不小心就造成財物上的損失。

一九八八年（77年）　戊辰龍　31歲

今年的運勢持平，但因為遭逢歲破，所以平日行事盡量低調、謹慎，以免遭受血光、是非之災。

二〇〇〇年（89年）　庚辰龍　19歲

本年度出生的朋友，運勢在屬龍者之中還不錯，但還是要特別注意交通安全，平時運動也要量力而為，盡量不要干涉別人事務，以免招來無妄之災。

每月運勢

吉 **一月運勢：**本月運勢不錯，新春伊始，貴人運很暢旺。但由於今年有歲破凶星的影響，要特別留意血光、漏財的問題。記得在農曆正月十五日之前到廟裡安太歲，以保平安。

吉 **二月運勢：**本月的運勢吉凶參半，貴人運依然很不錯，但要特別注意漏財問題，投資要謹慎，以免招來是非跟損失。感情方面則要慎防爛桃花。

凶 **三月運勢：**本月運勢不佳，管理好自己的情緒是最重要的課題，凡事別太堅持己見，以免跟人發生爭執，產生血光意外。有合作方面的商談，也建議避開本月，以免有始無終。

平 **四月運勢：**本月你可以好好鬆一口氣，各方面的壓力都減輕了一些，你的心態上也不再那麼緊張，好好調整一下自己的步伐，特別注意身體健康與交通安全，以免血光意外。

平 **五月運勢：**本月運勢平順，但因為今年度凶星入宮的影響，凡事盡量低調，在工作場合多聽少說，以免惹是非。還要注意器械使用的安全，避免血光之災，有機會不妨多行善積德。

平 **六月運勢：**本月運勢持平，但因為年度凶星的影響，會讓你很容易跟人有爭執與意見不合的時候，記得退一步海闊天空，調整好心態，控制好自己的情緒，便能免於災禍。

㊔ **七月運勢：**本月運勢大幅上揚，讓你有撥雲見日之感，做起事來順暢許多，也有許多人會主動幫助你，事業運、財運都很不錯，升官加薪有望，但記得保持低調，以免招惹是非。

㊔ **八月運勢：**本月運勢暢旺，貴人運依然很強，想要啟動的計畫、想法，不妨趁這個月提出來，比較容易獲得協助與認同。另外，外出交通、工作場合使用工具都要特別小心，以防血光。

㊅ **九月運勢：**本月運勢不佳，在凶星的作用之下，容易跟人意見不合，發生嚴重的爭執，輕者招惹是非，引來小人，嚴重的甚至導致血光意外的產生。一定要特別小心防範。

㊥ **十月運勢：**本月運勢平順，稍微風平浪靜的一個月，可以好好把握，休養生息，檢視自己的生活與健康問題。放鬆之餘，外出逛街要注意衝動購物帶來的漏財問題喔。

㊔ **十一月運勢：**本月運勢上升，年關將至，趁著事業運、貴人運都很不錯的時機，好好衝刺事業，可望為你帶來財運，是值得好好努力的一個月。

㊅ **十二月運勢：**本月運勢低迷，有可能在採辦年貨的時候跟家人意見不合，或者工作上跟同事之間有矛盾產生，記得凡事忍讓，不與人爭，放寬心的過個好年吧。

肖蛇者運勢

（18、30、42、54、66、78歲）

⊙本年運勢

屬蛇的朋友今年運勢非常旺，因有福星入宮，吉星高照，貴人運不錯，事業上有機會可以被提拔、扶助，也有加官晉爵、升官發財的可能，年運奇佳。未婚的朋友要把握好桃花的出現，穩紮穩打，一步一腳印。已婚的朋友，則要把異性輔助的力量，化為工作上的助益，讓自己的事業在穩健中求發展。

一九四一年（30年）　辛巳蛇　78歲

今年運勢平順，財運很不錯，只要行事保守，不要隨意投資，就可以輕鬆度日，行有餘力可多行善事，增加自己的福分。

一九五三年（42年）　癸巳蛇　66歲

本年度出生的朋友，是屬蛇當中運勢相較比較低迷的，雖然壓力大，但還好今年有吉星入宮，整體的大格局不錯，謹慎小心，就能平順。

一九六五年（54年）　乙巳蛇　54歲

本年度出生的朋友，今年運勢是屬蛇者中最佳的，雖然還是會感受到一些壓力，只要事業上努力打拚，很有升官加薪的機會。但要注意飲食，小心腸胃問題。

一九七七年（66年）　丁巳蛇　42歲

今年運勢稍微較低迷一些，不過幸好有吉星照臨，事業、感情運都滿不錯的，財運的部分則要稍加留意，今年不宜投資，容易有漏財的問題。

一九八九年（78年）　己巳蛇　30歲

今年運勢持平，但可以藉著吉星入宮的機會，好好努力，事業上會有升官加薪的機會，桃花運也很不錯，是能覓得良緣的一年。

二〇〇一年（90年）　辛巳蛇　18歲

今年財運、桃花都挺不錯的。打工賺錢的機會不少，課業上多加努力，都能有不錯的成果。

每月運勢

凶 **一月運勢：**本月運勢較低迷，行事要低調一些，以免招惹小人而受害。過年的紅包也要好好看管，控制好自己的購物慾，否則有破財的危機喔。

平 **二月運勢：**本月運勢持平，事業上按部就班，就能有不錯的發展。桃花運也很好，如果有出現不錯的對象，不妨好好把握，有機會發展成好姻緣。

平 **三月運勢：**本月運勢平吉，由於吉星入宮的關係，財運滿不錯的，可以好好規劃理財，但投資仍要謹慎，不要冒險躁進，否則也是會損財。

平 **四月運勢：**本月運勢平平，心情上也比較輕鬆，好好規劃一趟旅行，或者安排進修充電，為下一個階段做好準備。有機會也不妨多多行善，以累積福德。

吉 **五月運勢：**本月運勢大好，不僅吉星高照，更有貴人助力，做起事來事半功倍，有升官加薪的機會，要好好把握喔。

吉 **六月運勢：**本月份延續上個月旺盛的運勢，持續有貴人加持，財運與桃花運各方面都很不錯，如果有想要交往或者論及婚嫁的對象，可以趁機告白。

㐫 **七月運勢：**本月運勢較低迷，有凶星入宮，容易跟人產生爭執口角，嚴重時會招來小人暗害。但幸好有吉星相助，降低影響，不過凡事還是要小心謹慎。

㊐ **八月運勢：**本月運勢大幅上揚，事業運很好，跟人合作方面會帶來很不錯的成果，連帶的財運也會上升，讓你有很好的心情，人形光采。

㊥ **九月運勢：**本月運勢平平，只要順順的做，不要強出頭，忙得充實愉快，腳踏實地努力，維持好人際關係，就能有很不錯的成果喔。

㐫 **十月運勢：**本月運勢低迷，容易與人在想法、意見上有衝突。凡事好好溝通，冷靜處理，不要意氣用事，自然就能夠順利度過。

㊥ **十一月運勢：**本月運勢平平，年底將至，可以好好檢視這一整年的努力成果，該補充的地方就繼續好好打拚，該犒賞自己的地方也不要吝嗇喔。

㊐ **十二月運勢：**本月運勢很好，財運、貴人運堪稱年度之最，如果這一年來你有好好努力，那麼年終獎金將是很可以期待的。

肖馬者運勢（17、29、41、53、65、77歲）

⊙本年運勢

屬馬的朋友今年三合吉星入宮，健康、財運、貴人運都很好，整體運勢優。身心安泰，工作順利，財運加分。稍微留意的是有白虎星，要預防血光，所以無論是騎車開車、工作場合、運動走路，或是到工地，都要注意安全，也勿因小事與他人爭執，記得以和為貴。正月十五前到廟裡制白虎、點光明燈，讓諸事順利、逢凶化吉。

一九四二年（31年）　壬午馬　77歲

今年的運勢比較不是那麼理想，各方面感受到的壓力比較大，要特別注意外出不管是走路或是搭車都要小心，以免遭受血光之災。

一九五四年（43年）　甲午馬　65歲

本年度出生的朋友，是屬馬中運勢很不錯的一個，工作上只要付出努力，就會有不錯的收穫。但要特別小心身體健康，以及感情上爛桃花的問題。

一九六六年（55年）　丙午馬　53歲

今年要小心財務狀況，容易會有漏財的問題發生。盡量不要貿然投資，外出、交通上也要小心血光之災，凡事忍耐盡量不要跟人有衝突。

一九七八年（67年）　戊午馬　41歲

今年整體運勢不錯，貴人運、財運都很好，可以趁這個機會多多打拚事業。工作場合使用工具、通勤出差的交通，都要特別小心，以免血光意外。

一九九〇年（79年）　庚午馬　29歲

今年相對的比較輕鬆愜意，工作或理財上都會有貴人來幫忙，讓你事半功倍。要注意的是控制好自己的脾氣，不要跟人爭執，出入小心。

二〇〇二年（91年）　壬午馬　17歲

今年的壓力相對來說會比較大。來自長輩，像是父母、師長這方面的關心會比較多，好好調整自己的心態來面對，也要注意交通安全。

每月運勢

㊍ **一月運勢：**今年一開春運勢就很旺，財運很不錯，壓歲錢可以好好期待。但是因為有凶星入宮的關係，記得在農曆正月十五之前到廟裡制白虎以保平安。

(凶) **二月運勢：**本月份運勢較低迷，容易跟人一言不合就產生口角，嚴重時還可能會引起血光意外，要小心謹慎。喪事場合也盡量不要前往。

(平) **三月運勢：**本月運勢平平，趁著春暖花開的這段期間，整理家務、或是安排個小旅行，都很不錯。只是外出期間要多注意交通安全，以避免血光意外。

(吉) **四月運勢：**本月運勢上揚，不管是事業或者生活上，之前停滯不前的計畫，在本月有可能因為貴人的助力而有很不錯的進展，要好好把握。

(凶) **五月運勢：**本月運勢不佳，凡事要低調、謹慎，很容易遇到堅持己見、無法溝通的狀況，耐住性子，好好處理。自己也不要太固執喔。

(吉) **六月運勢：**本月是今年度運勢最好的一個月，在超強貴人運的帶領下，事業運也很強勢，是一個值得好好衝刺的月份，做什麼都有人相挺，連帶的財運也很不錯喔。

㊣ **七月運勢：**本月運勢平平，如果上個月有努力衝刺，本月份就延續這樣的方式持續下去，仍會有貴人來相助。但也要好好休息，出入注意安全。

㊣ **八月運勢：**本月運勢平順，是沒有太大起伏的一個月，凡事按部就班即可。但因為有凶星的影響，不管是使用器械或者外出交通都要慎防血光意外。

㊡ **九月運勢：**本月運勢很好，財運很不錯，貴人運也很暢旺，可望趁此機會衝刺事業，有升官加薪的機會。

㊣ **十月運勢：**本月運勢平吉，是個整理內務的好時機。不管是打理居家環境，還是充實個人內在，提升專業，都很適合。

㊍ **十一月運勢：**本月運勢不佳，要特別防範血光意外，尤其可能因為跟人口角爭執而引發衝突。凡事低調忍讓，退一步海闊天空，可免災禍。

㊍ **十二月運勢：**本月份運勢低迷，特別要好好看緊荷包，否則有可能在年底特價時段把錢都花光了，也別胡亂投資，以免損財。感情方面如果有問題，也要小心處理。

肖羊者運勢

（16、28、40、52、64、76歲）

⊙本年運勢

屬羊的朋友，今年整體而言還不錯，有福德吉星入宮，運勢暢旺，易有貴人輔助，因此做事順利，如魚得水，財運也佳。雖然可能奔波辛苦點，但會有收穫，只要避免與他人產生爭執，減輕小人、口舌帶來的負面影響，應該不會有太大的問題，是平安順遂的一年。

一九四三年（32年）　癸未羊　76歲

本年度出生的朋友，今年的運勢是屬羊者相對較低的，容易與人有爭執、矛盾，盡量避免就不會有太大問題。

一九五五年（44年）　乙未羊　64歲

今年運勢很旺，凡事都有貴人來幫忙，進展順利。但要多注意身體健康，以及感情方面會有爛桃花的問題，要多加小心。

一九六七年（56年） 丁未羊 52歲

今年會比較勞心勞力，而且要特別注意財務問題。盡量不要貿然投資，如果與人合作也要以人和為重，爭執矛盾，都會造成破局與漏財。

一九七九年（68年） 己未羊 40歲

今年整體運勢持平，由於有吉星照臨，工作上可以有很好的發揮，但要小心口舌問題，與人爭執容易造成正在進行中的工作破局，謹慎為宜。

一九九一年（80年） 辛未羊 28歲

本年度出生的朋友，今年相對比較輕鬆，壓力沒那麼大，可以趁著工作運勢強，貴人運也不錯的機會，好好打拚事業。

二〇〇三年（92年） 癸未羊 16歲

今年運勢較低迷，比較容易跟別人有口角爭執，血氣方剛的年紀，要好好注意自己的脾氣，以免招來災禍。

每月運勢

㊣平 **一月運勢：**本月運勢平平，今年有吉星入宮，各方面運勢堪稱順遂，但也有凶星帶來不利的影響，凡事不與人爭，低調行事，即可安順度日。

吉 **二月運勢：**本月運勢暢旺，工作運很強，不管提出什麼想法，或者想要推動什麼樣的企劃，都有貴人相挺，讓你心情振奮。唯獨要注意口舌是非，凡事不要太過張揚。

平 **三月運勢：**本月運勢平平，生活或事業上的行事，依照平常的步伐推進即可，凡事不必強出頭，避免是非口角，行善積德，可保平安。

吉 **四月運勢：**本月運勢很不錯，吉星高照，做起事來特別順手，總會意外得到許多人的幫助。先前阻礙不前的事件，可望有突破性的進展，值得期待。

吉 **五月運勢：**本月運勢更加上揚，財運、貴人運與工作運都很強，你的努力很容易被外界看見，升官加薪的機率很高，也是為自己累積身價的好時機。

平 **六月運勢：**本月運勢持平，雖然沒有上個月那麼旺盛，但是吉星帶來的影響，讓你還是很受矚目，做事充滿幹勁，但要特別注意人和，慎防口舌。

(平) **七月運勢：**本月運勢平平，可以趁此機會休養生息，為自己安排個旅行，好好犒賞大半年的努力。有機會多多幫助別人，也能為自己帶來好運。

(平) **八月運勢：**本月運勢平順，沒有高潮迭起的這個月，平安就是福。各方面順順的做，也能夠收到成果，太躁進有時候反而會招來口舌，一切低調謙遜為宜。

(凶) **九月運勢：**本月運勢不佳，很容易陷入與人爭執的場面中，甚至被孤立，讓你有很深的挫折感，反而更加固執。記得時時提醒自己，放下爭端，冷靜以對。

(吉) **十月運勢：**本月運勢很不錯，擺脫前一個月的陰霾，這個月的你又是神采奕奕。反對派減少，貴人運增強，做起事來很順手，財運也不錯喔。

(凶) **十一月運勢：**本月運勢不佳，特別是感情方面有可能因為別人口舌搬弄，情人之間有摩擦產生，金錢方面也有漏財的狀況，都會讓你很頭痛，有重要的投資要好好評估。

(凶) **十二月運勢：**本月運勢也不佳，要特別注意控制自己的脾氣，很有可能因為想法不同就跟人有了衝突，甚至讓進展中的事件受阻，記得退一步海闊天空。

肖猴者運勢（15、27、39、51、63、75歲）

⊙本年運勢

屬猴的朋友因為天狗星入宮，要留意像是車關、血光之災等狀況，外出、騎車開車、工作場合等方面都要多加注意。民間認為天狗是凶星，建議正月十五前到廟裡制天狗，以減少不好的影響。還好今年的工作運比較旺，尤其利於異地求發展，屬猴的朋友今年如果有相關機會要好好把握。

一九四四年（33年）　甲申猴　75歲

今年運勢還不錯，有吉星降臨，各方面都加分不少。唯獨要注意身體健康的問題，平時多保養，出入小心，才能免去血光之災。

一九五六年（45年）　丙申猴　63歲

今年運勢相對來說比較低迷，還好有吉星可以帶來一些助力。要特別注意的是財運上的問題，別亂投資以免破財。

一九六八年（57年）　戊申猴　51歲

今年運勢相對而言比較持平，只要保守、守成，安分守己的努力，自然會有貴人來相助。交通安全特別留意，就不會有太大問題。

一九八〇年（69年）　庚申猴　39歲

今年運勢很不錯，工作上貴人運很好，合作提案都會有人幫你一把，可以趁此機會好好打拚。受到凶星的影響，在工作場合或者出入各方面都要特別注意血光的問題。

一九九二年（81年）　壬申猴　27歲

今年的壓力比較大一些，在工作上可能上司對你會有比較多的意見，或者遇到不是那麼好處理的案子，記得調整心態，正向以對。

二〇〇四年（93年）　甲申猴　15歲

今年運勢相對來說很不錯，學業上努力就會有好成果，在學校運動、使用工具要小心，否則很容易有血光之災。

每月運勢

(凶) **一月運勢：**一開春運勢就要特別注意，尤其要防範小人暗害，今年又適逢天狗凶星入宮，也要留意血光之災，農曆正月十五日前到廟裡制天狗，以降低不良的影響。

(平) **二月運勢：**本月運勢平吉，今年雖有凶星入宮，但也有吉星來相助，做事方面貴人運不錯，可以趁著新年伊始，為今年做好規劃。

(吉) **三月運勢：**本月運勢很好，強勢的貴人運，也帶動了財運，讓你在各方面都很有斬獲。有些規劃很久的計畫，不妨趁這個月提出，比較容易推動。

(凶) **四月運勢：**本月凶中帶吉，與人合作或往來，容易有爭執。常常遇到想法南轅北轍，雙方火氣都很大的狀況。幸好貴人運不錯，但還是要調整心態，以免惹來血光意外。

(平) **五月運勢：**本月運勢平順，不妨將重心放在生活上，來個居家改造或好好整理環境，都能讓你的心情跟著放鬆。生活上凡事小心，外出注意交通。

(平) **六月運勢：**本月運勢平平，沒有高潮起伏的日子，平安就是福。工作上照著平日的步調，行事盡量低調謙虛，出入多留心。

平 **七月運勢：**本月運勢平吉，沒有太多壓力，可以好好檢視上半年在工作、生活各方面的成果，再好好為下半年做準備。平日裡也可以多做好事，行善積德。

吉 **八月運勢：**本月運勢很暢旺，貴人運不錯，做起事來感覺順手，也容易獲得身邊的人來相挺，讓你心情大好。但還是要保持謙遜的態度，記得「滿招損，謙受益」。

吉 **九月運勢：**本月運勢依然很旺，在貴人助力之下，想要推動的事物都可望有好的進展，可以利用這個機會好好衝刺事業。

凶 **十月運勢：**本月運勢不佳，注意會有金錢上的損失，別衝動購物，投資要謹慎評估。感情方面也會出現一點問題，要冷靜處理，否則嚴重時可能會招來血光意外。

吉 **十一月運勢：**本月運勢上揚，擺脫上個月的壓力，各方面都有正向提升。跟人合作很順暢，也能帶來不錯的財運。值得好好努力一下喔。

平 **十二月運勢：**本月運勢平平，年關將至，可以將重心放在居家打掃，採辦年貨上，好好布置一番，好的居家氣氛也會帶來家人間的良好互動，一起準備過個好年。

肖雞者運勢
（14、26、38、50、62、74歲）

⊙本年運勢

屬雞的朋友整體來說，本年度吉星入宮，有利於與異性朋友、同事、上司的來往。除了避免進行大型投資外，一般而言事業、財運等都還可以。不過因為今年犯病符，身體容易出問題，所以要勤保養、注重飲食，多運動、出外走走曬太陽，有狀況就看醫生，避免積勞成疾。此外，也要多留意家中長輩的健康情形。

一九四五年（34年）　乙酉雞　74歲

今年要特別注意身體的健康問題，如果有不適的地方要盡早就醫，以免釀禍。平常也要保持良好作息，好好保養。

一九五七年（46年）　丁酉雞　62歲

今年要注意漏財的問題。要留意因為健康問題帶來的大筆支出，也要小心遇到爛桃花，而造成財物損失。好好管理自己的健康與財務。

一九六九年（58年）　己酉雞　50歲

今年度的運勢平平。留心自己與父母的身體健康，是今年的重要課題，養成運動習慣，良好作息也有助於提升運勢，避免金錢損失。

一九八一年（70年）　辛酉雞　38歲

本年度出生的朋友，是屬雞裡運勢比較好的，貴人會帶來助力，讓各方面都比較順遂。感情、健康的問題好好處理，就不會有太大問題。

一九九三年（82年）　癸酉雞　26歲

本年度出生的朋友，是屬雞裡運勢比較低的，要特別注意自己以及父母的身體健康，有狀況就要馬上就醫，以免生災。

二〇〇五年（94年）　乙酉雞　14歲

本年度出生的朋友，今年的運勢也不錯，但要特別注意腸胃方面的問題，平日要養成良好飲食習慣，垃圾食物別吃太多，才能保健康。

每月運勢

(平) **一月運勢：**本月運勢平平，過年期間要特別注意飲食，不要暴飲暴食吃太多，影響身體健康，好好注意自己跟長輩的身體狀況，是今年最重要的課題。

(凶) **二月運勢：**本月運勢不佳，很容易跟人有雞同鴨講的情況，或者感覺別人處處都在跟你唱反調，讓你非常煩悶。建議你要冷靜下來，處理好情緒，以免影響身體健康。

(吉) **三月運勢：**本月運勢佳，不管做什麼都會有人暗中幫你一把，貴人運很不錯。工作上的努力也容易被看見，可以趁機好好提升自己在職場的地位，但也別過勞了。

(吉) **四月運勢：**本月運勢依然很強勢，不僅事業運、貴人運很強，連帶的財運也很不錯，升官加薪有望。如果健康方面有一些問題，在這個月也有機會可以遇到不錯的醫生。

(平) **五月運勢：**本月運勢平平，適合休息，或者接觸一些修身養性的課程，安頓好自己的身心。另外，也可以給自己安排一個健康檢查，好好保養身體。

(平) **六月運勢：**本月運勢平吉，可以把重心放在家人身上，多花心思與時間陪伴他們，多關心他們的健康與生活，重拾天倫之樂，也會讓你心情大好。

吉 **七月運勢：**本月運勢很不錯，職場上跟人合作，或者合夥都能夠遇到很不錯的工作夥伴，溝通順暢，在關鍵時刻也會有人站出來挺你。工作運很強，但還是要注意身體健康。

凶 **八月運勢：**本月運勢低迷，要注意溝通不良、容易跟人產生誤解的狀況，以及因此而帶來口舌是非，都會讓你的心情盪到谷底。記住凡事不要太執著，保持謙遜，注意人和。

吉 **九月運勢：**本月吉凶參半，要特別注意感情上的問題，是否因為太拚工作而忽略對方？另外金錢上也會有些狀況，要注意理財，但幸好貴人運很不錯，遇到問題都會有人來幫忙你。

平 **十月運勢：**本月運勢平平，是保養身體的好時機。先前若有身體上的問題，一定要特別注意，立刻就醫以免小病拖成大病。有舊疾者也要好好保養，以免復發。

凶 **十一月運勢：**本月運勢不佳，跟工作夥伴之間的溝通出了問題，如果先前已經不合，本月更有可能讓衝突檯面化，要小心處理。說話前要三思，溝通要更謹慎。

吉 **十二月運勢：**本月運勢上揚，如果先前有認真努力，本月就是收成的月份，貴人運與財運都很不錯，年底有升官加薪的機會。值得好好把握。

肖狗者運勢

（13、25、37、49、61、73歲）

⊙本年運勢

屬狗的朋友今年犯太歲，民間說「太歲當頭坐，無喜必有禍」，因此留意交通意外、血光之災。言行謹慎，避免與人產生衝突。就整體運勢來說，不同年份出生的朋友運勢略有不同，但都建議正月十五前到廟裡安太歲、點光明燈，有很大有幫助。今年投資、工作運還可以，謹記凡事低調、多加小心，就可保平安。

一九四六年（35年）　丙戌狗　73歲

今年因為犯太歲的緣故，要特別留意血光，容易因為意外而破財。平日起居、出入都要多留意，也要記得去安太歲喔。

一九五八年（47年）　戊戌狗　61歲

今年運勢平順，但太歲當頭，外出交通、出外旅遊都要特別小心，如遇到家中有喜事，則可以為運勢加分。

一九七〇年（59年）　庚戌狗　49歲

本年度出生的朋友，本命星旺，因此雖然犯太歲，但運勢還不錯。事業運、貴人運都很好，會為你帶來不小的助力，好好把握。

一九八二年（71年）　壬戌狗　37歲

今年比較容易被上司盯上，或者被交辦困難的任務，壓力不小喔。把這些都當成挑戰，積極面對，相信也會收穫不少。

一九九四年（83年）　甲戌狗　25歲

本年度出生的朋友，本是屬狗中運勢最好的一個。感情上會有桃花，但要小心面對，萬一處理不好，可能就會變成爛桃花喔。另外身體健康也是需要注意的重點。

二〇〇六年（95年）　丙戌狗　13歲

本年度出生的朋友，今年的壓力也不小，課業上需要付出更多的努力。也容易因為壓力而導致亂花錢，造成漏財，要特別留意。

每月運勢

㊂ **一月運勢：**本月運勢佳，貴人運、財運都很不錯。但由於今年犯太歲的緣故，行事還是要盡量低調，出入注意安全。正月十五日之前記得去廟裡安太歲。

㊂ **二月運勢：**本月運勢很不錯，職場上的人際關係很圓融，跟人合作滿順利的，也有許多很不錯的機會，可以好好把握。

㉄ **三月運勢：**本月運勢不佳，一反上個月的順暢，本月份跟人的溝通容易出狀況，而你自己的脾氣也不大好，一不小心就會衝起來，要謹慎應對，以防血光意外。

㊠ **四月運勢：**本月運勢平平，平安就是福。犯太歲的年份，一切低調為宜，沒有太大起伏的這個月份，適合行善積德，為自己累積福分。

㊂ **五月運勢：**本月運勢上揚，過去你的努力會被看見，有升官加薪的機會。財務上也有不錯的斬獲，可能是過去的投資有了獲利。各方面都讓你很滿意。

㉄ **六月運勢：**本月運勢低迷，再加上太歲凶星的影響，一定要低調再低調，控制自己的脾氣，不與人爭，凡事退一步，以保自身平安。

㊖ **七月運勢：**本月運勢很不錯，強勢的貴人運，讓你不管做什麼都容易受到關鍵人物的賞識，職場上如魚得水，可得把握好運勢，好好提升自己。

㊖ **八月運勢：**本月吉凶參半，感情與金錢方面容易發生問題，慎防爛桃花，以及因此造成的金錢損失。不過，因為貴人運強，如小心謹慎，可望化險為夷。

㊣ **九月運勢：**本月運勢平順，可把重心放在家務上，徹底清理環境，除舊布新，帶來的新氣象會讓你有好心情。過程中要注意安全，避開血光意外。

㊣ **十月運勢：**本月運勢平吉，職場上按部就班，或把這段期間當作某個大計畫開啟前的前置時期，雖然沒有重大成果，實際上卻為自己累積了日後所需的能量。

㊣ **十一月運勢：**本月運勢平平，可安排學習、自我提升，或者給自己放個假，安排一趟旅行，重新調整步調，面對挑戰。出入要注意交通安全。

㊇ **十二月運勢：**本月運勢不佳，年關將至你卻覺得各方面都充滿挫折感，好像大家都不了解你，讓你覺得很孤單。記得凡事用正向的態度去面對，不要鑽牛角尖喔。

肖豬者運勢
（12、24、36、48、60、72歲）

⊙本年運勢

屬豬的朋友今年整體運不錯，太陽吉星入宮，無論男女的財運、事業、健康都有幫助，貴人運也很旺，尤其對男性各方面加分更多。但對已婚男性來說，與異性相處要小心拿捏分寸，而未婚的男性更要小心、慎選對象，這樣才會有長遠的助力。女性朋友相對來說較持平，與異性相處也要留意，避免產生感情糾紛。

一九四七年（36年）　丁亥豬　72歲

本年度出生的朋友，不管男女都要注意漏財的問題，有可能是健康問題所引起的，所以平常要多運動，好好保養。

一九五九年（48年）　己亥豬　60歲

今年的運勢平吉。男性財運很不錯，女性則容易因為異性而破財或者造成困擾，要特別小心。

一九七一年（60年）　辛亥豬　48歲

今年運勢中上，尤其是男性朋友的運勢更旺，在工作上容易得到女性貴人的幫助，帶來很不錯的財運。女性朋友工作方面會比較辛苦，需要付出更大的努力。

一九八三年（72年）　癸亥豬　36歲

本年度出生的朋友，是屬豬當中運勢比較不好的，各方面都會感受到壓力備至，尤其女性朋友在職場上工作滿辛苦的，還要特別防範有心人士的接近，引起感情糾紛。

一九九五年（84年）　乙亥豬　24歲

今年的運勢也很不錯，雖然難免會有一些壓力，但只要努力都會有很好的成果。女性朋友要特別注意感情問題，凡事要小心處理為宜。

二〇〇七年（96年）　丁亥豬　12歲

本年度出生的朋友，在屬豬中運勢較弱，財運也比較低迷，跟朋友出門逛街，要管好自己的零用錢，以免漏財。

每月運勢

（吉）**一月運勢：**本月吉中帶凶，一開春就脾氣不太好，隨時都想跟人吵架。還好貴人運不錯，關鍵時刻都能順利化解。男性運勢尤其好，女性朋友職場上就稍微辛苦一些了。

（吉）**二月運勢：**本月運勢很好，貴人運、事業運與財運都有很大的提升，男性朋友有升官加薪的機會，要把握機會好好努力。女性朋友雖然相較之下比較辛苦，但各方面仍然是很旺的。

（平）**三月運勢：**本月運勢平平，未婚男性有機會可以遇到不錯的對象，值得把握。女性朋友則要小心爛桃花，感情上的問題要小心處理為宜。

（凶）**四月運勢：**本月運勢不佳，跟他人的不合浮上檯面，甚至會產生正面衝突。要好好注意自己的脾氣，不要固執己見，有時候冷靜聽聽別人的意見也會有收穫。

（平）**五月運勢：**本月運勢平吉，女性朋友工作上的辛苦可以暫時鬆一口氣，男性朋友則異性緣很不錯，職場上容易受到女同事的幫忙，記得要保持謙遜，常懷感恩的心。

（吉）**六月運勢：**本月運勢很好，貴人運很強，男性朋友可望受到異性長輩的提攜，而有升官加薪的機會。女性朋友的工作運及財運也都有所提升。

凶 **七月運勢：**本月運勢不佳，感情方面容易出問題，尤其是女性朋友，遇到爛桃花的機率很高，要謹慎過濾接近你的人，不要被一時的甜言蜜語所迷惑，還有可能因此破財喔。

平 **八月運勢：**本月運勢平順，先前遇到的各種問題都有可能得到解決方案，讓你大大鬆一口氣。回歸正軌的這段期間，可以用來檢視自己的身心靈，充電後再出發。

平 **九月運勢：**本月運勢平平，未婚男性如果有不錯的對象，不妨提出邀約，有機會可以促成良緣。女性朋友可把重心放在工作上，平順中求成長。

凶 **十月運勢：**本月運勢低迷，人際間的溝通問題是重點，隨時提醒自己，說話不要太衝，不固執己見，多聽少說，低調謙遜，以降低凶星的影響。

吉 **十一月運勢：**本月運勢很不錯，貴人運大爆發，各方面猶如神助，男性朋友如果有交往很久的對象，想邁入下個階段，不妨趁此機會好好規劃，會有貴人暗中相助，成功機率大增。

吉 **十二月運勢：**本月運勢上揚，強勢的貴人運，讓你在職場上的努力被看見，如果你也夠努力，那麼年終將是可以好好期待的。女性朋友仍要慎防爛桃花。

謝沅瑾開運農民曆

如何看懂農民曆

「農民曆」是台灣民間流通最普及的曆書，過去人們依照農民曆的時序原則進行農事，也以農民曆中的「行事宜忌」、「每日吉凶」作為日常行事的準則。

農民曆的由來已久，早期為了配合農業社會的行事，中國歷代都會由官方根據觀測天文運行的結果，統一頒訂曆法，作為農事作息的主要依據，稱做「官曆」。而各朝的曆法編制有所不同，現今使用的陰曆最早可以追溯到夏朝時期，經過了不同朝代天文官員的修訂後，才成了現今我們所使用的陰曆。

民國之後頒行陽曆，現今台灣所行的曆法每年由中央氣象局統一頒布，由於民間仍然根據陰曆行事，所以中央氣象局所編的日曆資料表是採取新舊曆對照的方式。而現今流通的農民曆，也是陽曆與陰曆並立，是陰陽合曆的形式。

以配合農事而訂立的農民曆，到了今日由於機具與栽種技術的進步，作為農事依據的功能已不再那麼重要了。但是其中的每日吉凶、行事忌宜等傳統風水命理的內容，仍然是人們行事的重要依據。現今的農民曆經常結合了民俗、傳統知識與曆法，是每個家庭必備的生活小百科。

農民曆是古代制訂來讓農民在農耕時有所依循的曆法，所以稱之為農曆。漸漸演變到後來，又加上了傳統陰陽五行、天干地支、易經等等的思想，幾千年來已經成為人們日常行事的重要依據了。不過，也就因為融入了許多命理上的專業知識，讓現在的農民曆看起來十分的艱深難懂，因此要瞭解農民曆，就要先了解每個欄位代表的意義，接著就能輕鬆使用農民曆了。

農民曆「每日宜忌」各欄說明

西曆年份 國曆月份

農曆月份 甲子 月令 月煞方

占十二月節候豐稔歌

每日胎神占方

每日沖煞年齡

國曆日期

星期

節日 佛神誕辰 吉凶神 附註

農曆日期

干支

五行

十二值位

宜忌

宜忌事項

節前：指逢節氣時，指節氣時間之前的宜忌

節後：指逢節氣時，指節氣時間之後的宜忌

每日胎神占方

每日沖煞年齡

節氣

交節氣時間

節氣說明

農民曆「每日宜忌」實例

二〇一八年 國曆二月小

農曆一月 甲寅 端月 煞北方

立春最喜晴一日，元旦景雲光齊天

雨水連綿是豐年，農夫不用力耕田

每日胎神占方

每日沖煞年齡

19

星期一

孫真人聖誕 天德合 勿探病

初四

壬午

木

定

宜

宜：祭祀、祈福、出行、納采、問名、嫁娶、移徙、解除、修造動土、豎柱上樑、開市、立券、交易、納財、破土、安葬、入宅

倉庫碓外西北

沖鼠23歲煞北

雨水

丑時 1時18分

斗指壬為雨水，時東風解凍，冰雪皆散而為水，化而為雨，故名雨水。

節氣諺語：雨水，海水卡冷鬼。

雨水時節雖已入春，但溫度仍低，海水摸起來還是非常冷冽。

各欄位所代表的意義解釋

◆干支：

「**天干地支**」是自商朝開始即有的記年、記日方式，以「十天干」（甲乙丙丁戊己庚辛壬癸）與「**十二地支**」（子丑寅卯辰巳午未申酉戌亥）相配，每六十年為一個循環。

◆五行：

「**五行**」指「**金木水火土**」，傳統命理認為宇宙中的萬物都可以被區分為這五個屬性。農民曆中所表示的五行，背後代表的其實是較為複雜的「**六十甲子納音**」，各種天干地支的組合代表了各種屬性的「**五行**」，對論命者而言具有參考作用，但對一般人而言用途則不大。

◆十二值位：

代表的是十二個「吉凶神」（一**建**、二**除**、三**滿**、**四平**、**五定**、**六執**、**七破**、**八危**、**九成**、**十收**、**十一開**、**十二閉**），每日的值神不同，適合做跟不適合做的事情也不同。

◆用事批註宜忌：

這欄裡面，主要是根據**干支日**、**五行**、**十二值位**，再加上其他比較複雜的命理概念，歸納出來在這一天裡面可以做的事情跟不宜做的事情，整體標註出來，這是目前人們從事重要活動時最方便參照的資料，是最實用的欄位。

◆**胎神占方：**

指每日**胎神**所在的地方。在民間信仰中，**胎神**是掌管胎兒生長的神明。每日胎神所在的位置都不相同，原則上多在屋子裡外，孕婦活動的範圍內。民間認為每日胎神所在的地方，所有的人都不可冒犯，否則會影響胎兒的生長，嚴重時甚至會造成流產。

◆**沖煞生肖、年齡、方位：**

指每天會沖犯到的生肖、年齡與方位。被沖煞到的人最好不要出現在任何重要的場合，像是嫁娶、出殯等，不僅本身可能會遭到無妄之災，也可能讓正在進行的事情，沒有辦法順利舉行。「**煞方**」則指當日凶神所在的地方，不管今天要做什麼事，都要盡量避免往該方向活動，以免沾染不好的氣場，影響事情的順利進行。

◆**每日財喜方位：**

指每日**財神**跟**喜神**所在的方位，如果想要沾喜氣或是獲得財運，可以在每日出門時先往財喜方位走，比較容易獲得好運道。詳細用法請參照本書**擇日擇時**單元。

◆**每日吉凶時：**

這是指這一天裡面由**吉神**所掌管的時間。在傳統的命理觀念中，好日子裡也有**吉時**與**凶時**的區分，若希望事情能進行順利，除了挑選好日子，最好也要選在吉時來進行。

重要名詞解釋

農民曆自古以來就是人們用來參照**日常行事**、**斷定吉凶**的重要根據。農民曆的編著由來已久，加上後世不斷的增補，因此在**用事名詞**上面也出現許多不同的版本。

目前流傳下來的農民曆，主要都是根據舊時社會的環境與情況所寫，不管是哪一個版本，裡頭使用的部分名詞，與我們今日所慣用之用語大不相同（**例如「經絡」代表「織布」、「鼓鑄」代表「冶煉金屬」**）。大多數的人看不懂這些名詞所代表的事件，使用農民曆時就會遭遇困難。

為了讓讀者瞭解農民曆之用語，底下將根據**清朝**時期曾由朝廷統一列舉的「**通書六十事**」，進行每個用語的解說，並且根據性質加以分類，加上現代行事的附註，方便瞭解與使用。

◆本書對農民曆用語的篩選

農民曆上面所列舉的行事對古人而言，都是需要慎重處理，甚至在舉行前要進行儀式的事情。但就目前社會發展來看，有許多已經是**不合時宜**。因此底下雖然針對大部分的用語做解釋，但在本書的「用事宜忌」中，**將僅列舉在現代社會中仍須擇吉進行的重要事項，以方便讀者使用。**

❖祭祀類

祭祀：祭祀祖先（或好兄弟），或祭拜神明等儀式。這裡的祭祀指的是節日或例祭之外的祭祀活動，例如建醮、大船下水等等祭祀活動，或擺放制煞物品也可以選擇宜祭祀的日子。

祈福：祈求神明保佑平安或者許願還願的事宜。

求嗣：向神明祈求子嗣的祭拜儀式。

冠帶：這是指傳統上年輕男女的成年儀式。

❖政事類

上冊受封：接受皇帝的賞賜。

上表章：古代臣子將奏章上呈君主。

襲爵受封：中國古代是封建社會，早在西周時期就有爵位的分封，雖然之後各朝代的規制不同，但一般來說，爵位都是由長子繼承原有的爵位，而其他的孩子則分封為低三階的爵位。此處的襲爵受封，就是指嫡長子繼承爵位與其他子嗣受封爵位的受封儀式。

上官赴任：新官上任，就職典禮。

臨政親民：皇帝或官員聽取政事、下鄉視察。

❖日常行事類

會親友：探訪友人、親戚，或者聚會。

入學：拜師學藝、求取手藝。

進人口：收養子女或聘納員工等。

出行：指遠行、出國觀光及旅行等。

移徙：搬家，遷移住所。

重要的祭祀活動，也需要慎選宜祭祀的日子。

遠迴：指長距離的往返，例如歸寧。

解除：進行解災厄、除穢的儀式，或者將制煞物品由懸掛擺放處取下。

安床：包括安新床與安舊床。

安新床：像是結婚或者新屋在入宅時，都要選擇時辰安置床鋪。

安舊床：是指可能因運勢不佳想改換方位，而重新安放床鋪的事宜。

沐浴：清洗身體，特指為重要事件而齋戒沐浴。例如主持重要儀式，或是跟隨神明遶境。

剃頭：初生嬰兒剃除胎毛，或削髮為尼。

整手足甲：初生嬰兒首次剪手足甲。

求醫療病：看醫生、治病，或者開刀。

療目：治療眼睛的疾病。

針刺：針灸之類的醫療行為。

乘船渡水：搭船過河、過江、遊湖等等。

結婚或新屋入宅時，都要安床。

❖婚姻類

結婚姻：議定婚事，兩家人締結婚姻之事。

納采問名：指受授聘金，俗稱完聘。

嫁娶：指舉行結婚迎親儀式的吉日。

裁衣：分為兩種，一為裁製新娘禮服，另一個是為病重的老人做壽衣。

❖建築類

築堤防：修建河堤邊的護欄或防水的堤防。

修造動土：房屋整修、內部裝潢等。

動土：指興建陽宅之第一次動工挖土（陰宅為「破土」）。

豎柱上樑：豎立柱子，安屋頂中樑。傳統上進行「上樑」儀式前，一定要選擇吉日吉時。

修倉庫：建築倉庫或儲藏室。

苫（唸「山」）蓋：以草編物品來覆蓋屋頂。

修置產室：修理或建築廠房、產室。

開渠穿井：開築下水道、水溝及開鑿水井等。

安碓（唸「對」）磑（唸「位」）：安裝舂物臼磨粉器。傳統上進行這項活動前要先舉行儀式。

補垣塞穴：補修牆壁或堵塞蟻穴及其他洞穴。

掃舍宇：打掃屋宅，指大型的大掃除。

修飾垣牆：裝修、粉刷、整理牆壁。

平治道途：指鋪平道路等工程。

破屋壞垣：拆除舊屋圍牆之事。

古代房屋整修、內部裝潢時為求平安，也要看日。

❖工商類

鼓鑄：冶煉金屬以製錢幣或器物。

開市：公司行號商店開張或開幕，或指休完年假後首日營業或工廠開工等。

立券：訂立契約書等事。

交易：交易買賣等事。

納財：購置產業、進貨、收帳、五穀入倉等。

開倉庫：打開穀倉或囤貨的倉庫。在古代，倉庫不會隨便開啟，以免裡頭的貨物或穀物敗壞。

出貨財：出貨、送貨。

❖喪事類

破土：建墳墓、埋葬等（**陽宅為「動土」**）。

安葬：埋葬屍體，或撿骨後「進金」（將先人遺骨放入金斗甕）。

啟攢：指洗骨之事。撿死人的骨骸簡稱拾金。

❖農林漁牧類

伐木：砍伐樹木。古時候人們認為樹木有靈，因此在伐木前必須要舉行儀式，安撫樹靈，祭拜完畢之後才會進行。

建墳墓的破土，也須擇好日子。

醞釀：古人做發酵品時，也要選擇吉日。

捕捉：撲滅害蟲或生物。

畋（唸「田」）獵：打獵或捕捉野獸等工作。

取魚：結網撈魚，捕取魚類。

栽種：種植樹木、接枝、種稻等農事。

牧養：畜牧牛馬等家畜。

納畜：買入雞鴨、牛羊等來飼養。

經絡：織布、安裝織機或蠶桑之事。因為其中有安裝織機這個部分，後人也衍生為適合安裝各式機械設備的日子。

醞釀：指做醬菜、釀酒、做醋、醬油等等需要發酵的事物，由於發酵的狀況會影響事件的成敗，因此傳統上認為製作時，也要挑選吉日，以期順利釀造出好的成品。

六十甲子納音

六十甲子納音是結合了五行、天干、地支與古代音律——五音，所推算出來的術數，用途非常廣泛，可以用來論命、推算年運、擇吉，甚至是造葬等。這個術數的基礎是五行，十天干、十二地支以及五音都有各自的五行屬性，相互結合之後，與單純的五行相生相剋就不同了。同樣納音屬金的，就有海中金、劍鋒金、白蠟金、沙中金、金箔金、釵釧金等，每一種代表的涵義都不同。

以沙中金為例，為何稱為沙中金？古書云：「則氣已成，物質自堅實，混於沙而別於沙，居於火而煉於火，乃曰沙中金也。」

甲午沙中金，是沙汰之金，古書云：「甲午天符祿，乃沙汰之金，志大而有節操，或零火蓋之而嚴，或旺金集之而剛，不遇丁壬，始可陶熔之寶。祿神敗而食子欲妻剛而子旺。」乙未沙中金，則是強悍剛礦之金，古書云：「乙未祿印綬，乃強悍剛礦之金，欲金相用在火盛處，父子相乘，皆為珍寶。德神當位，喜見印官。」

不同屬性的金，需要用來助旺或要避開的的五行也不同。像是甲午沙中金，含沙量大的沙金，一樣要用火來鍛鍊，但要避開丁、壬才能有所成。乙未沙中金，則是礦沙類的沙金，含金量高，以大火來鍛鍊，可以成為珍寶，因此要加強的是火的部分。古人便根據這些不同屬性的組合變化，來論斷吉凶，推算一個人命運的貧富貴賤。

◆六十甲子納音歌

甲子乙丑海中金	丙寅丁卯爐中火	戊辰己巳大林木
庚午辛未路傍土	壬申癸酉劍鋒金	甲戌乙亥山頭火
丙子丁丑澗下水	戊寅己卯城頭土	庚辰辛巳白蠟金
壬午癸未楊柳木	甲申乙酉井泉水	丙戌丁亥屋上土
戊子己丑霹靂火	庚寅辛卯松柏木	壬辰癸巳長流水
甲午乙未沙中金	丙申丁酉山下火	戊戌己亥平地木
庚子辛丑壁上土	壬寅癸卯金箔金	甲辰乙巳覆燈火
丙午丁未天河水	戊申己酉大驛土	庚戌辛亥釵釧金
壬子癸丑桑柘木	甲寅乙卯大溪水	丙辰丁巳沙中土
戊午己未天上火	庚申辛酉石榴木	壬戌癸亥大海水

正月開運三吉時——初一、開工、迎財神

◆戊戌年初一開門吉時與祭拜

大年初一是一年的開始，傳統上認為大年初一能迎到的財氣、喜氣與貴氣都最強。所以初一起個大早往吉祥的方位走，將能為自己帶來無與倫比的財氣與貴氣。因此這一天開門的時間與出門的方位就顯得十分重要。以時間點來說，**今年最佳開門時間為子時（廿三點至一點）、寅時（三點至四點二十分）、卯時（五點至六點二十分）、午時（十一點至十二點二十分）、未時（十三點至十五點）**。可以根據平常作息或工作時間，挑選最適合的時辰來開門。

吉時一到，便可以開門，準備清茶、糖果、吉祥的水果像是橘子，以及飯、發糕與年糕等供品祭祖。米飯與糕類要插上紅色紙剪的春字，就是俗稱的「飯春花」。「春」和台語「剩」同音，象徵「年年有餘」。祭拜完後要燃放爆竹。

拜拜之後，可以出門往好的方位走，以迎接好的氣場。**初一這天的喜神在東北方，貴方為西南方**。出門時先往這幾個好方位，走上五十到一百步，再往自己原本的目的地前進，民間認為這樣便能夠討得好采頭。另外，**財神在正北方，想要求財者可以往這個方向走。今年的煞方在正西，盡量避免往這個方向走，以免受到不好氣場的影響。**

傳統上也認為大年初一有如一天的早晨，是全新的開始，若能在年初一起得早（最遲不睡過中午），便象徵一整年都會很有活力精神。如果在大年初一的白天睡覺，就象徵在一年的開始精神萎靡、懶散、沒有活力。民俗上甚至認為這將導致種田的田會塌，養雞的會生不出雞蛋。因此，大年初一應該要盡量早起出門活動，無論是全家出外踏青遊玩，或是到附近親朋好友家拜年，到廟裡拜拜等，都能為自己跟家人求得一整年的好運與平安。

◆戊戌年年初開工吉時與祭拜

初五又稱為「隔開」，意思就是新年的歡樂氣氛就到今天為止。新年期間放在家中神桌上的供品也都要撤收，自這天開始，一般民家就開始恢復正常的生活作息了。許多店家公司也都從這

正月初一可至廟裡拜拜祈求好運。

天開始上班做生意。不過並不是每一年的初五都是最好的開市、開工日。今年最佳的開工、開市日期與時間請參照下表。

店家或公司可以在門口準備各種牲禮、酒水、線香、紙錢，特別還需準備「疏文」。由於開工祭拜的對象是財神與行業的守護神，準備疏文是讓誠心的祈願可以完整傳達給神明，祭拜者將有機會獲得更為有力的保佑，在自己專長的行業中，創造更好的成績。所以在祭拜前也要搞懂行業祖師爺或守護神是誰，以免不小心拜錯了，既鬧笑話又難以受到保佑！

玄天上帝為屠宰業的守護神。

◆二〇一八年戊戌年年初開工開市吉時

正月初九	
丑時	上午一點至三點
寅時	上午三點至四點二十分
辰時	上午七點至九點
午時	上午十一點至十二點二十分
未時	下午十三點至十五點
酉時	下午十七點至十九點
戌時	下午十九點至二十點二十分

◆各行業守護神例

行業別	守護神明
醫療業	保生大帝、華陀、神農大帝
製藥業	神農大帝
屠宰業	玄天上帝
美髮業	孚佑帝君
航海業	天上聖母、水仙尊王
木匠業	巧聖仙師
泥水業	荷葉仙師
商賈業	福德正神、關聖帝君、財神
軍警業	關聖帝君
命理業	鬼谷子
戲曲業	西秦王爺、田都將軍
運輸業	中壇元帥
教職業	文昌帝君、魁星
特種業	豬八戒

◆戊戌年初五迎財神吉時與祭拜

大年初五是傳統上「**迎財神**」的日子，在這天上午需要準備供品朝門口祭拜來**迎財神**，迎的則是「**五路財神**」，有兩種說法，比較常見的說法是「**東西南北中**」五路，分別是：

中路財神「玄壇真君—趙公明」

東路財神「進寶天尊—蕭升」

西路財神「納珍天尊—曹寶」

南路財神「招財使者—陳九公」

北路財神「利市仙官—姚少司」

拜「**五路財神**」的目的就是要收盡東南西北中「**五方之財**」。與「**五路財神**」類似的說法還有「**八路財神**」，**八路**指的就是一般常見的八個方位，不過民俗上對於八路財神究竟是哪幾位神明，並沒有明確的記載。

而「**文、武、義、富、偏**」五路財神的說法，除了上述的「**武財神—趙公明**」以外，還有：

忠貞事暴君的商朝忠臣「文財神—比干」

義薄雲天的三國武將「義財神—關公」

富可敵國的明朝富商「富財神—沈萬三」

生性好賭的漢朝名將「偏財神—韓信」

偏財神的「偏」，是指「正財」以外的財富，如兼職、自由業、買彩券、特種行業……等皆屬之。

黃帝地母經看流年

黃帝地母經共有六十首，是傳統上用來預測一年整體運勢的經文。今年為戊戌年，可以對照黃帝地母經裡的「戊戌」這一首詩，來看今年的整體預測。

以今年的經文來看，詩曰：

「太歲戊戌年，耕夫漸漸愁。
高下多偏頗，雨水在春秋。
燕宋豆麥熟，齊吳禾成收。
桑葉初生賤，蠶娘未免憂。
牛羊逢瘴氣，百物主漂游。」

卜曰：

「戊戌憂災咎，耕夫不足懼。
早禾雖即稔，晚稻不能全。
一晴兼一雨，三冬多雪寒。」

本年度的詩歌者與卜詞，預言了今年整體而言，農事上比較不順利，好壞差很多，要特別注意天災的影響，稻子栽種雖然一開始還不錯，但收成時可能不太理想。畜牧業的部分則要多注意傳染病。

以今天的角度來看，相同干支年的氣候都相同，似無科學根據，也不符合邏輯。另外預測的區域與台灣的氣候差異甚大，就台灣地區而言並不適用。儘管如此，從這些詩歌還是可以一窺過去人們的生活狀況，可視為一種十分有趣的民俗資料。

年度吉時

⊙正月開工、開市吉日時

正月初九

丑時 上午 一點至三點
寅時 上午 三點至四點二十分
辰時 上午 七點至九點
午時 上午 十一點至十二點二十分
未時 下午 十三點至十五點
酉時 下午 十七點至十九點
戌時 下午 十九點至二十點二十分

⊙天赦吉日

三月初一日戊寅日
五月十八日甲午日
八月初四日戊申日
十月廿一日甲子日
十二月廿二日甲子日

⊙社日

春社日：二月初一日戊申日
秋社日：八月十四日戊午日

⊙三伏天

初伏天：六月五日庚戌日
中伏天：六月十五日庚申日
末伏天：七月六日庚辰日

戊戌年大利方位表

⊙大利東西，不利北方

戊戌年安神煞方與安神法

由於傳統信仰與中國人慎終追遠的關係，大部分的人家裡都會有神桌，用來祭拜祖先與神明。而神桌或神龕的裝置有許多的學問，如果沒有小心注意，任意擺放的話，嚴重的時候，有可能會導致家裡不平靜，甚至是家運衰敗。

安神位的日子挑選，要注意避開與「**家人生肖**」相沖的日子，可挑選農民曆上標明適合「**祭祀**」的日子來進行。

◆安神與流年煞方

「**安神位**」要特別注意「**流年煞方**」。如果準備安神位的位置正巧碰上該年的流年煞方，除了延後安神之外，可以先安「**浮爐**」來化解，也就是在香爐下墊上「**桌墊**」。

「安神」是件大事，必須避開與家人生肖相沖的日子。

一般可以使用**金紙**，先抽掉綑綁金紙的物品，再將第一張**金箔**抽掉（或是福金的第一張全部抽起），再將其用**紅紙**包住，將其墊在香爐下面即可，另外也可以使用**盤子**。**今年為狗年，流年煞方為「北方」，所以這方位不宜安神或修造。**

◆安神的方法

若搬新家，或只是神桌在家中換位置而需要「**安神位**」，要先挑選適當的日子，將神明與祖先按順序自原本位置請出，神明（雕像或畫像）要用雙手捧。如果要離開室內，祖先牌位要裝在「**謝籃**」裡，下鋪刈金，撐黑色洋傘。

到新位置安神之前，牆壁先用「**刈金**」清淨，方法是將刈金點火以後，在將要安神位置的牆壁上「**擦**」一遍，安神的順序與請出時一樣，先安神位，後安祖先牌位。

祖先牌位不可高過神像，也不能置於神爐前，因祖先牌位屬「**陰**」，宜低宜退。擺好神位再將燭台、薦盒、香爐等擺放上去。**神像的位置要比祖先牌位略後，但神明香爐與杯子的位置，則要比祖先的略前。**

安好之後，準備**五果**、**三牲**、**湯圓**、**發粿**、**清茶**、**鮮花**等拜拜。並準備**大壽金**、壽金、刈金、土地公金，香燃過後燒化。安好的神位不可以再隨便移動，若要清潔則必須等到每年農曆十二月二十四日「**送神**」後，才可以進行。

◆安神之後拜地基主

安神位當天的黃昏時，要拜「**地基主**」。一般多在廚房擺一張小桌子祭拜，如果空間不夠，

安好神位的當天黃昏，要在廚房準備日常的飯菜拜地基主。

也可以把流理台當供桌，如果連接著流理台上剛好有窗，則可以朝窗外拜。如果沒有窗戶，則朝後門，或是廚房後方祭拜即可。

拜拜的供品使用日常家裡的飯菜即可。一般可以準備六道菜碗、一鍋飯、三杯酒、兩副碗筷及紙錢。簡單一點的，可以用一個**有菜有肉**的便當，加上三杯酒、兩副碗筷跟紙錢就可以了。

◆神桌擺放的注意事項

⊙神桌應擺放在前方視野遼闊的地方，代表「**明堂寬闊**」，家運才會步步高升。神桌不可以朝屋後，否則會導致「**家運衰退**」。

⊙神桌的後方不能是樓梯或是電梯，因為向下的樓梯或電梯，都暗示「**家運衰退**」，特別是電梯上上下下，氣場混亂，影響更為嚴重。

⊙神桌後方與正上方不能是瓦斯爐或者廚房，因為若是瓦斯爐則暗示「**火燒神明**」，而廁所則形同將神明祖先置於穢物旁，特別是神桌後方就是馬桶時，這樣的情形都會導致「**家運衰退**」。

⊙如果神桌的後方是房間，夫妻或是十二歲到六十五歲之間的單身或已婚者，都要避免睡在這裡，以免影響夫妻感情，或不利姻緣。

⊙如果神桌樓上的位置作為臥室，床要小心避開神桌所在的地方，否則因為壓住神明的關係，對於睡在這裡的人，身體上會有不好的影響。

⊙神桌的上方不可以有橫樑通過，象徵挑著「重擔」，暗示一家人做事辛苦。另外這樣的狀況也容易導致家人有頭部方面的毛病。

⊙神桌上方要避免擺放不相干的物品，特別是**人形雕塑**或**玩具公仔**，因為神桌經常會受到**燒香膜拜**的關係，可能會有**不明的靈體**藉機進入這些人形物接受膜拜，會使家中出現怪事。

⊙神桌的前方及左右，包括神桌底下，都要避免堆放物品，神桌正上方的樓上空間則要避免設置櫃子或是床鋪之類的大型家具，因為神桌若是被雜物擋住、壓住，家運容易受到影響。

⊙神桌前面如果有安裝長形的日光燈，要特別注意一定要與神桌**平行懸掛**，如果燈管的方向與神桌垂直，就如同一枝利箭直接射向神明與祖先，形成「**弓箭煞**」，除了對家人運勢有不好的影響外，也直接暗示了容易有意外血光的情形發生。

⊙神桌的高度或與牆壁的距離，都要盡量合於「**魯班尺**」的吉字，如果場地有限制，至少高度需符合吉字。

⊙神桌的左右也要特別注意，虎邊不可以太迫近牆邊，所謂「**迫虎傷人**」，神桌太靠近虎邊對於主人來說會有不良影響。神桌安置要穩固不搖晃，避免碰撞或地震時造成東西摔落。

⊙民俗上認為「**龍怕臭，虎怕吵**」，因此神桌的左邊不能是廁所正沖，而右邊則不能擺放會發出聲音的家電，例如電視、音響、冰箱等。

戊戌年每日宜忌

二〇一八年 國曆一月大

農曆十二月 癸丑 臘月 煞東方

朔日西風六畜災，綿絲五穀德成堆
最喜大寒無雨雪，太平冬盡賀春來

國曆	期星	節日	農曆	干支	五行	建除	吉凶	宜忌	每日胎神占方	每日沖煞年齡
1	一期星		十五	癸巳	水	執	宜	**宜**祭祀、入宅 **忌**祈福、出行、納采、問名、嫁娶、移徙、安床、解除、修造動土、豎柱上樑、開市、立券、交易、納財、破土、安葬、啟攢	占房床 房內北	沖豬 11歲 煞東
2	二期星		十六	甲午	金	破	★	**諸事不宜**	占門碓 房內北	沖鼠 10歲 煞北
3	三期星	阿彌陀佛佛誕	十七	乙未	金	危	宜	**宜**祭祀 **忌**祈福、出行、納采、問名、嫁娶、移徙、安床、解除、修造動土、豎柱上樑、開市、立券、交易、納財、破土、安葬、啟攢	碓磨廁 房內北	沖牛 9歲 煞西
4	四期星	刀砧日	十八	丙申	火	成	宜	**宜**出行、納采、問名、嫁娶、移徙、解除、豎柱上樑、開市、立券、交易、納財、安葬、入宅 **忌**安床、修造動土、破土	廚灶爐 房內北	沖虎 8歲 煞南
5	五期星	刀砧日	十九	丁酉	火	成收	★	**日逢受死日，不宜諸吉事**	倉庫門 房內北	沖兔 7歲 煞東

小寒

酉時 17時49分

斗指戊為小寒，時天氣漸寒，尚未大冷，故名小寒。

節氣諺語：小寒大冷，人馬安。

小寒時天氣應寒冷，人畜才會平安。

9	8	7	6
星期二	星期一	星期日	星期六
	天德 月德		
廿三	廿二	廿一	二十
辛丑	庚子	己亥	戊戌
土	土	木	木
建	閉	開	收
宜	宜	宜	宜
宜 祭祀、祈福、納采、問名、解除、豎柱上樑、納財 **忌** 出行、嫁娶、移徙、修造動土、破土	**宜** 祭祀、安葬、啟攢 **忌** 移徙、修造動土、破土	**宜** 祭祀 **忌** 祈福、出行、納采、問名、嫁娶、移徙、安床、解除、修造動土、豎柱上樑、開市、立券、交易、納財、破土、安葬、啟攢	**宜** 祭祀 **忌** 祈福、出行、納采、問名、嫁娶、移徙、安床、解除、修造動土、豎柱上樑、開市、立券、交易、納財、破土、安葬、啟攢
廚灶廁 房內南	占碓磨 房內南	占門床 房內南	房床栖 房內南
沖羊 3歲 煞東	沖馬 4歲 煞南	沖蛇 5歲 煞西	沖龍 6歲 煞北

10	11	12	13	14	15
星期三	星期四	星期五	星期六	星期日	星期一
勿探病			天德合 月德合		
廿四	廿五	廿六	廿七	廿八	廿九
壬寅	癸卯	甲辰	乙巳	丙午	丁未
金	金	火	火	水	水
除	滿	平	定	執	破
宜	**宜**	★	**宜**	★	★
宜 入宅 **忌** 祭祀、出行	**宜** 祭祀 **忌** 祈福、出行、納采、問名、嫁娶、移徙、安床、解除、修造動土、豎柱上樑、開市、立券、交易、納財、破土、安葬、啟攢	**諸事不宜**	**宜** 祭祀、祈福、納采、問名、嫁娶、移徙、解除、修造動土、豎柱上樑、立券、交易、納財、入宅 **忌** 出行	**忌** 祈福、出行、納采、問名、嫁娶、移徙、安床、解除、修造動土、豎柱上樑、開市、立券、交易、納財、破土、安葬、啟攢	**諸事不宜**
倉庫爐 房內南	房床門 房內南	門雞栖 房內東	碓磨床 房內東	廚灶碓 房內東	倉庫廁 房內東
沖猴 2歲 煞北	沖雞 1歲 煞西	沖狗 60歲 煞南	沖豬 59歲 煞東	沖鼠 58歲 煞北	沖牛 57歲 煞西

大寒

午時 11時09分

	16	17	18	19	20
期星	二期星	三期星	四期星	五期星	六期星
神煞	刀砧日	刀砧日	天德 月德		
農曆	三十	十二月	初二	初三	初四
干支	戊申	己酉	庚戌	辛亥	壬子
五行	土	土	金	金	木
建除	危	成	收	開	閉
	宜	★	宜	宜	宜
宜忌	**宜**祭祀、開市、納財 **忌**祈福、納采、問名、安床、解除、立券、交易	**日逢受死日，不宜諸吉事**	**宜**祭祀	**宜**祭祀 **忌**祈福、出行、納采、問名、嫁娶、移徙、安床、解除、修造動土、豎柱上樑、開市、立券、交易、納財、破土、安葬、啟攢	**宜**祭祀 **忌**祈福、出行、納采、問名、嫁娶、移徙、安床、解除、修造動土、豎柱上樑、開市、立券、交易、納財、破土、安葬
胎神	房床爐 房內東	占大門 外東北	碓磨棲 外東北	廚灶床 外東北	倉庫碓 外東北
沖煞	沖虎 56歲 煞南	沖兔 55歲 煞東	沖龍 54歲 煞北	沖蛇 53歲 煞西	沖馬 52歲 煞南

斗指癸為大寒，時大寒粟烈已極，故名大寒。

節氣諺語：大寒不寒，春分不暖。

大寒若天氣溫暖，表氣候不順，隔年春分仍會寒冷。

26	25	24	23	22	21
五期星	四期星	三期星	二期星	一期星	日期星
			天德合 月德合 勿探病	勿探病	
初十	初九	初八	初七	初六	初五
戊午	丁巳	丙辰	乙卯	甲寅	癸丑
火	土	土	水	水	木
執	定	平	滿	除	建
★	★	★	宜	宜	★
忌 祈福、出行、納采、問名、嫁娶、移徙、安床、解除、修造動土、豎柱上樑、開市、立券、交易、納財、破土、安葬、啟攢	**忌** 祈福、出行、納采、問名、嫁娶、移徙、安床、解除、修造動土、豎柱上樑、開市、立券、交易、納財、破土、安葬、啟攢	**諸事不宜**	**宜** 祭祀、祈福、出行、納采、問名、嫁娶、移徙、解除、豎柱上樑、開市、立券、交易、納財、安葬、啟攢 **忌** 修造動土、破土	**宜** 入宅 **忌** 祭祀、出行、納采、問名、嫁娶	**忌** 祈福、出行、納采、問名、嫁娶、移徙、解除、修造動土、豎柱上樑、破土、安葬、啟攢
房床碓 外正東	倉庫床 外正東	廚灶栖 外正東	碓磨門 外正東	占門爐 外東北	房床廁 外東北
沖鼠 46歲 煞北	沖豬 47歲 煞東	沖狗 48歲 煞南	沖雞 49歲 煞西	沖猴 50歲 煞北	沖羊 51歲 煞東

戊戌年每日宜忌

27	28	29	30	31
星期六	星期日	星期一	星期二	星期三
	天德 月德 刀砧日	刀砧日		
十一	十二	十三	十四	十五
己未	庚申	辛酉	壬戌	癸亥
火	木	木	水	水
破	危	成	收	開
宜	宜	★	宜	★
宜祭祀 **忌**祈福、出行、納采、問名、嫁娶、移徙、安床、修造動土、豎柱上樑、開市、立券、交易、納財、破土、安葬、啟攢	**宜**祭祀、出行、移徙、修造動土、豎柱上樑、開市、立券、交易、納財、破土、安葬、入宅 **忌**祈福、納采、問名、嫁娶、安床、解除	**日逢受死日，不宜諸吉事**	**宜**祭祀 **忌**祈福、出行、納采、問名、嫁娶、移徙、安床、解除、修造動土、豎柱上樑、開市、立券、交易、納財、破土、安葬、啟攢	**諸事不宜**
占門廁 外正東	碓磨爐 外東南	廚灶門 外東南	倉庫棲 外東南	占房床 外東南
沖牛 45歲 煞西	沖虎 44歲 煞南	沖兔 43歲 煞東	沖龍 42歲 煞北	沖蛇 41歲 煞西

戊戌年每日宜忌

二〇一八年 國曆二月小	1	2	3	4
	星期四	星期五	星期六	星期日
	天赦日	天德合 月德合		天德
農曆一月 甲寅 端月 煞北方	十六	十七	十八	十九
	甲子	乙丑	丙寅	丁卯
	金	金	火	火
	閉	建	除	除滿
	宜	宜	宜	宜
立春最喜晴一日，元旦景雲光齊天 雨水連綿是豐年，農夫不用力耕田	**宜** 祭祀、安葬	**宜** 祭祀、祈福、納采、問名、解除、豎柱上樑、納財、安葬忌出行、嫁娶、移徙、修造動土、破土	**宜** 入宅 **忌** 祭祀、出行	**宜** 祭祀、祈福、出行、納采、問名、嫁娶、移徙、解除、修造動土、豎柱上樑、立券、交易、納財、破土、安葬、啟攢
每日胎神占方	占門碓 外東南	碓磨廁 外東南	廚灶爐 外正南	倉庫門 外正南
每日沖煞年齡	沖馬 40歲 煞南	沖羊 39歲 煞東	沖猴 38歲 煞北	沖雞 37歲 煞西

立春

卯時 05時28分

斗指東北維為立春，時春氣始至，四時之卒始，故名立春也。

節氣諺語：立春打雷，十處豬欄九處空。

立春這天如果打雷，會六畜不安。相反的，雷不打春，今年一定好年冬。

戊戌年每日宜忌

5	6	7	8	9
一期星	二期星	三期星	四期星	五期星
		勿探病	月德合	天德合 送神日
二十	廿一	廿二	廿三	廿四
戊辰	己巳	庚午	辛未	壬申
木	木	土	土	金
滿	平	定	執	破
宜	★	宜	宜	宜
宜 祭祀、祈福 **忌** 納采、問名、嫁娶、開市、立券、交易、納財	**忌** 祈福、出行、納采、問名、嫁娶、移徙、安床、解除、修造動土、豎柱上樑、開市、立券、交易、納財、破土、安葬、啟攢	**宜** 祭祀、祈福、出行、納采、問名、嫁娶、移徙、豎柱上樑、開市、立券、交易、納財、安葬、入宅 **忌** 解除、修造動土、破土	**宜** 祭祀、祈福、出行、納采、問名、嫁娶、移徙、解除、修造動土、豎柱上樑、安葬、入宅	**宜** 祭祀、解除 **忌** 祈福、出行、納采、問名、嫁娶、移徙、安床、修造動土、豎柱上樑、開市、立券、交易、納財、破土、安葬、啟攢
房床栖 外正南	占門床 外正南	占碓磨 外正南	廚灶廁 外西南	倉庫爐 外西南
沖狗 36歲 煞南	沖豬 35歲 煞東	沖鼠 34歲 煞北	沖牛 33歲 煞西	沖虎 32歲 煞南

戊戌年每日宜忌

10	11	12	13	14
星期六	星期日	星期一	星期二	星期三
天神下降日		刀砧日	月德 刀砧日	天德
廿五	廿六	廿七	廿八	廿九
癸酉	甲戌	乙亥	丙子	丁丑
金	火	火	水	水
危	成	收	開	閉
宜	★	宜	宜	宜
宜 祭祀、破土、安葬、入宅 **忌** 祈福、出行、納采、問名、嫁娶、移徙、安床、解除、修造動土、豎柱上樑、開市、立券、交易、納財	**日逢受死日，不宜諸吉事**	**宜** 祭祀、祈福、出行、納采、問名、移徙、修造動土、豎柱上樑、開市、立券、交易、納財、入宅 **忌** 嫁娶	**宜** 祭祀、祈福、出行、納采、問名、嫁娶、移徙、解除、修造動土、豎柱上樑、開市、納財	**宜** 祭祀 **忌** 祈福、出行、納采、問名、嫁娶、移徙、安床、解除、修造動土、豎柱上樑、開市、立券、交易、納財、破土、安葬、啟攢
房床門 外西南	門碓栖 外西南	碓磨床 外西南	廚灶碓 外西南	倉庫廁 外正西
沖兔 31歲 煞東	沖龍 30歲 煞北	沖蛇 29歲 煞西	沖馬 28歲 煞南	沖羊 27歲 煞東

戊戌年每日宜忌

雨水	15	16	17	18	19
	四期星	五期星	六期星	日期星	一期星
	除夕 天赦日	春節 勿探病		月德合	孫真人聖誕 天德合 勿探病
丑時 01時18分	三十	正月	初二	初三	初四
	戊寅	己卯	庚辰	辛巳	壬午
	土	土	金	金	木
	建	除	滿	平	定
	宜	宜	宜	宜	宜
斗指壬為雨水，時東風解凍，冰雪皆散而為水，化而為雨，故名雨水。 **節氣諺語：雨水，海水卡冷鬼。** 雨水時節雖已入春，但溫度仍低，海水摸起來還是非常冷冽。	**宜** 納采、問名、解除、豎柱上樑、立券、交易、納財、安葬 **忌** 祭祀、出行、嫁娶、移徙、修造動土、破土	**宜** 出行、嫁娶、解除、立券、交易、入宅	**宜** 祭祀、祈福 **忌** 納采、問名、嫁娶、開市、立券、交易、納財	**宜** 祭祀 **忌** 祈福、出行、解除	**宜** 祭祀、祈福、出行、納采、問名、嫁娶、移徙、解除、修造動土、豎柱上樑、開市、立券、交易、納財、破土、安葬、入宅
	房床爐 外正西	占大門 外正西	碓磨栖 外正西	廚灶床 外正西	倉庫碓 外西北
	沖猴 26歲 煞北	沖雞 26歲 煞西	沖狗 25歲 煞南	沖豬 24歲 煞東	沖鼠 23歲 煞北

24	23	22	21	20
六期星	五期星	四期星	三期星	二期星
玉皇大帝聖誕 天德 刀砧日	月德		清水祖師聖誕	
初九	**初八**	**初七**	**初六**	**初五**
丁亥	丙戌	乙酉	甲申	癸未
土	土	水	水	木
收	成	危	破	執
宜	★	**宜**	**宜**	★
宜祭祀、祈福、出行、納采、問名、移徙、解除、修造動土、豎柱上樑、開市、立券、交易、納財 **忌**嫁娶	**日逢受死日，不宜諸吉事**	**宜**祭祀、破土、安葬、入宅 **忌**祈福、出行、納采、問名、嫁娶、移徙、安床、解除、修造動土、豎柱上樑、開市、立券、交易、納財	**宜**祭祀、解除 **忌**祈福、出行、納采、問名、嫁娶、移徙、安床、修造動土、豎柱上樑、開市、立券、交易、納財、破土、安葬、啟攢	**忌**開市、立券、交易、納財
倉庫床 外西北	廚灶棲 外西北	碓磨門 外西北	占門爐 外西北	房床廁 外西北
沖蛇 18歲 煞西	沖龍 19歲 煞北	沖兔 20歲 煞東	沖虎 21歲 煞南	沖牛 22歲 煞西

戊戌年每日宜忌

28	27	26	25
三期星	**二期星**	**一期星**	**日期星**
關聖帝君 飛昇日 月德合			刀砧日
十三	**十二**	**十一**	**初十**
辛卯	庚寅	己丑	戊子
木	木	火	火
除	建	閉	開
宜	**宜**	★	**宜**
宜 祭祀、祈福、出行、納采、問名、嫁娶、移徙、解除、修造動土、豎柱上樑、立券、交易、破土、安葬、啟攢、入宅	**宜** 立券、交易、納財 **忌** 祭祀、祈福、出行、納采、問名、嫁娶、移徙、解除、修造動土、豎柱上樑、破土、安葬、啟攢	**諸事不宜**	**宜** 祭祀 **忌** 納采、問名、嫁娶、破土、安葬、啟攢
廚灶門 外正北	碓磨爐 外正北	占門廁 外正北	房床碓 外正北
沖雞 14歲 煞西	沖猴 15歲 煞北	沖羊 16歲 煞東	沖馬 17歲 煞南

戊戌年每日宜忌

二〇一八年 國曆三月大	1	2	3	4	5
	星期四	星期五	星期六	星期日	星期一
	天德合	元宵節 天官聖誕			
農曆二月 乙卯 花月 煞西方 驚蟄聞雷米似泥，春分有雨病人稀 月中但得逢三卯，處處棉花豆麥宜	十四	十五	十六	十七	十八
	壬辰	癸巳	甲午	乙未	丙申
	水	水	金	金	火
	滿	平	定	執	執破
	宜	★	宜	★	宜
	宜祭祀、祈福、出行、納采、問名、嫁娶、移徙、解除、修造動土、豎柱上樑、開市、立券、交易、納財、安葬	**忌**祈福、出行、納采、問名、嫁娶、移徙、安床、解除、修造動土、豎柱上樑、開市、立券、交易、納財、破土、安葬、啟攢	**宜**祭祀、祈福、出行、納采、問名、嫁娶、移徙、修造動土、豎柱上樑、開市、立券、交易、納財、入宅 **忌**解除、破土、安葬、啟攢	**忌**出行、納采、問名、嫁娶、移徙、解除、修造動土、豎柱上樑、開市、立券、交易、納財、破土、安葬、啟攢	**宜**祭祀、入宅 **忌**祈福、出行、納采、問名、嫁娶、移徙、安床、解除、修造動土、豎柱上樑、開市、立券、交易、納財、破土、安葬、啟攢
每日胎神占方	倉庫栖 外正北	占房床 房內北	占門碓 房內北	碓磨廁 房內北	廚灶爐 房內北
每日沖煞年齡	沖狗 13歲 煞南	沖豬 12歲 煞東	沖鼠 11歲 煞北	沖牛 10歲 煞西	沖虎 9歲 煞南

戊戌年每日宜忌

驚蟄

子時 23時28分

斗指丁為驚蟄，雷鳴動，蟄蟲皆震起而出，故名驚蟄。

節氣諺語：未驚蟄打雷，會四十九日烏。

如果驚蟄之前就打雷，會連續下四十九天雨。

6	7	8	9	10
星期二	星期三	星期四	星期五	星期六
		月德合 刀砧日	刀砧日	
十九	二十	廿一	廿二	廿三
丁酉	戊戌	己亥	庚子	辛丑
火	木	木	土	土
破	危	成	收	開
★	★	宜	★	宜
諸事不宜	**忌** 祈福、出行、解除、修造動土、豎柱上樑	**宜** 祭祀、祈福、出行、納采、問名、移徙、解除、修造動土、豎柱上樑、開市、立券、交易、納財、入宅 **忌** 嫁娶	**諸事不宜**	**宜** 祭祀、祈福、出行、移徙、解除、修造動土、豎柱上樑、入宅 **忌** 開市、立券、交易、納財
倉庫門 房內北	房床栖 房內南	占門床 房內南	占碓磨 房內南	廚灶廁 房內南
沖兔 8歲 煞東	沖龍 7歲 煞北	沖蛇 6歲 煞西	沖馬 5歲 煞南	沖羊 4歲 煞東

戊戌年每日宜忌

11	12	13	14	15	16
星期日	星期一	星期二	星期三	星期四	星期五
勿探病		月德			
廿四	廿五	廿六	廿七	廿八	廿九
壬寅	癸卯	甲辰	乙巳	丙午	丁未
金	金	火	火	水	水
閉	建	除	滿	平	定
宜	宜	★	宜	宜	宜
宜立券、交易、納財、破土、啟攢 **忌**祭祀、祈福、出行、納采、問名、嫁娶、移徙、安床、解除、修造動土、豎柱上樑、開市	**宜**祭祀、出行、立券、交易 **忌**祈福、納采、問名、嫁娶、解除、修造動土、豎柱上樑、破土、安葬、啟攢	**日逢受死日，不宜諸吉事**	**宜**祭祀、祈福、開市、立券、交易、納財 **忌**出行、納采、問名、嫁娶、移徙、修造動土、破土、安葬、啟攢	**宜**祭祀 **忌**祈福、出行、納采、問名、嫁娶、移徙、安床、解除、修造動土、豎柱上樑、開市、立券、交易、納財、破土、安葬、啟攢	**宜**祭祀、祈福、出行、移徙、修造動土、豎柱上樑、立券、交易、納財 **忌**納采、問名、嫁娶、解除
倉庫爐 房內南	房床門 房內南	門雞栖 房內東	碓磨床 房內東	廚灶碓 房內東	倉庫廁 房內東
沖猴 3歲 煞北	沖雞 2歲 煞西	沖狗 1歲 煞南	沖豬 60歲 煞東	沖鼠 59歲 煞北	沖牛 58歲 煞西

17	18	19	20	21
星期六	星期日	星期一	星期二	星期三
春社日	福德正神千秋 月德合	文昌帝君聖誕	刀砧日	刀砧日
二月	初二	初三	初四	初五
戊申	己酉	庚戌	辛亥	壬子
土	土	金	金	木
執	破	危	成	收
★	★	★	宜	★
忌 祈福、出行、納采、問名、嫁娶、移徙、安床、解除、修造動土、豎柱上樑、開市、立券、交易、納財、破土、安葬、啟攢	**諸事不宜**	**忌** 祈福、出行、解除、修造動土、豎柱上樑	**宜** 出行、納采、問名、移徙、修造動土、豎柱上樑、開市、立券、交易、納財、入宅 **忌** 嫁娶、破土、安葬、啟攢	**諸事不宜**
房床爐 房內東	占大門 外東北	碓磨栖 外東北	廚灶床 外東北	倉庫碓 外東北
沖虎 57歲 煞南	沖兔 56歲 煞東	沖龍 55歲 煞北	沖蛇 54歲 煞西	沖馬 53歲 煞南

春分

子時 00時15分

斗指壬為春分，日行周天，南北兩半球晝夜均分，又當春之半，故名。

節氣諺語：春分，日暝對分。

春分到，晝夜各半，平均為十二小時。

戊戌年每日宜忌

22	23	24	25	26
星期四	星期五	星期六	星期日	星期一
	月德 勿探病	勿探病		
初六	初七	初八	初九	初十
癸丑	甲寅	乙卯	丙辰	丁巳
木	水	水	土	土
開	閉	建	除	滿
宜	宜	宜	★	宜
宜 祭祀、祈福、出行、移徙、解除、豎柱上樑、入宅 **忌** 納采、問名、嫁娶、修造動土、開市、立券、交易、納財、破土	**宜** 立券、交易、納財、破土、安葬、啟攢 **忌** 祭祀、祈福、納采、問名、嫁娶、移徙、解除	**宜** 祭祀、出行、立券、交易 **忌** 祈福、納采、問名、嫁娶、解除、修造動土、豎柱上樑、破土、安葬、啟攢	**日逢受死日，不宜諸吉事**	**宜** 祭祀、祈福、納采、問名、解除、豎柱上樑、開市、立券、交易、納財 **忌** 出行、嫁娶、移徙、修造動土、破土、安葬、啟攢
房床廁 外東北	占門爐 外東北	碓磨門 外正東	廚灶棲 外正東	倉庫床 外正東
沖羊 52歲 煞東	沖猴 51歲 煞北	沖雞 50歲 煞西	沖狗 49歲 煞南	沖豬 48歲 煞東

戊戌年每日宜忌

31	30	29	28	27
六期星	五期星	四期星	三期星	二期星
三山國王千秋			月德合	
十五	十四	十三	十二	十一
壬戌	辛酉	庚申	己未	戊午
水	木	木	火	火
危	破	執	定	平
★	★	★	宜	宜
忌 祈福、出行、解除、修造動土、豎柱上樑	**諸事不宜**	**忌** 祈福、出行、納采、問名、嫁娶、移徙、安床、解除、修造動土、豎柱上樑、開市、立券、交易、納財、破土、安葬、啟攢	**宜** 祭祀、祈福、出行、移徙、解除、修造動土、豎柱上樑、立券、交易、納財、安葬、入宅 **忌** 納采、問名、嫁娶	**宜** 祭祀 **忌** 祈福、出行、納采、問名、嫁娶、移徙、安床、解除、修造動土、豎柱上樑、開市、立券、交易、納財、破土、安葬、啟攢
倉庫栖 外東南	廚灶門 外東南	碓磨爐 外東南	占門廁 外正東	房床碓 外正東
沖龍 43歲 煞北	沖兔 44歲 煞東	沖虎 45歲 煞南	沖牛 46歲 煞西	沖鼠 47歲 煞北

二〇一八年 國曆四月小	1	2	3	4	5
	日期星	一期星	二期星	三期星	四期星
	開漳聖王千秋 刀砧日	刀砧日		觀世音菩薩聖誕	
農曆三月 丙辰 桐月 煞南方 風雨相逢初一頭，沿村瘟疫萬人憂 清明風若從南至，定是農家有大收	十六	十七	十八	十九	二十
	癸亥	甲子	乙丑	丙寅	丁卯
	水	金	金	火	火
	成	收	開	閉	閉建
	宜	宜	宜	宜	宜
	宜 入宅 **忌** 嫁娶、破土、安葬、啟攢	**宜** 祭祀 **忌** 祈福、出行、納采、問名、嫁娶、移徙、安床、解除、修造動土、豎柱上樑、開市、立券、交易、納財、破土、安葬、啟攢	**宜** 祭祀、祈福、出行、嫁娶、移徙、解除、修造動土、豎柱上樑、入宅 **忌** 開市、立券、交易、納財、破土、安葬、啟攢	**宜** 立券、交易、納財、破土、啟攢 **忌** 祭祀、祈福、出行、納采、問名、嫁娶、移徙、安床、解除、修造動土、豎柱上樑、開市	**宜** 祭祀
每日胎神占方	占房床 外東南	占門碓 外東南	碓磨廁 外東南	廚灶爐 外正南	倉庫門 外正南
每日沖煞年齡	沖蛇 42歲 煞西	沖馬 41歲 煞南	沖羊 40歲 煞東	沖猴 39歲 煞北	沖雞 38歲 煞西

戊戌年每日宜忌

節氣	6	7	8	9
清明	星期五	星期六	星期日	星期一
	普賢菩薩聖誕		勿探病	
寅時 04時13分	廿一	廿二	廿三	廿四
	戊辰	己巳	庚午	辛未
	木	木	土	土
	建	除	滿	平
	★	宜	宜	★
斗指丁為清明，時萬物潔顯而清明，時當氣清景明，故名。節氣諺語：清明芋，穀雨薑。 清明時節是為適合種植芋頭、而接下來的穀雨則是可以種生薑的時候。	**諸事不宜**	**宜** 入宅 **忌** 祈福、出行、納采、問名、嫁娶、移徙、安床、修造動土、豎柱上樑、破土、安葬、啟攢	**宜** 祭祀 **忌** 祈福、出行、納采、問名、嫁娶、移徙、安床、解除、修造動土、豎柱上樑、開市、立券、交易、納財、破土、安葬、啟攢	**諸事不宜**
	房床栖 外正南	占門床 外正南	占碓磨 外正南	廚灶廁 外西南
	沖狗 37歲 煞南	沖豬 36歲 煞東	沖鼠 35歲 煞北	沖牛 34歲 煞西

10	11	12	13	14	15
星期二	星期三	星期四	星期五	星期六	星期日
天德 月德			刀砧日	刀砧日	天德合 月德合
廿五	廿六	廿七	廿八	廿九	三十
壬申	癸酉	甲戌	乙亥	丙子	丁丑
金	金	火	火	水	水
定	執	破	危	成	收
宜	**宜**	**宜**	★	**宜**	**宜**
宜祭祀 **忌**出行、納采、問名、嫁娶、移徙、安床	**宜**祭祀、祈福、嫁娶、解除、安葬 **忌**修造動土、開市、立券、交易、納財、破土	**宜**祭祀、解除 **忌**祈福、出行、納采、問名、嫁娶、移徙、安床、修造動土、豎柱上樑、開市、立券、交易、納財、破土、安葬、啟攢	**日逢受死日，不宜諸吉事**	**宜**祭祀、祈福、出行、納采、問名、嫁娶、解除、修造動土、豎柱上樑、開市、立券、交易、納財、破土、啟攢 **忌**移徙	**宜**祭祀、祈福、出行、納采、問名、嫁娶、移徙、解除、修造動土、豎柱上樑、納財、安葬
倉庫爐 外西南	房床門 外西南	門碓栖 外西南	碓磨床 外西南	廚灶碓 外西南	倉庫廁 外正西
沖虎 33歲 煞南	沖兔 32歲 煞東	沖龍 31歲 煞北	沖蛇 30歲 煞西	沖馬 29歲 煞南	沖羊 28歲 煞東

戊戌年每日宜忌

20	19	18	17	16
星期五	**星期四**	**星期三**	**星期二**	**星期一**
天德 月德 勿探病			勿探病	天赦日
初五	**初四**	**初三**	**初二**	**三月**
壬午	辛巳	庚辰	己卯	戊寅
木	金	金	土	土
滿	除	建	閉	開
宜	★	★	★	**宜**
宜祭祀、祈福、出行、納采、問名、嫁娶、移徙、解除、豎柱上樑、開市、立券、交易、納財、安葬 **忌**修造動土、破土	**忌**祈福、出行、納采、問名、嫁娶、移徙、安床、修造動土、豎柱上樑、破土、安葬、啟攢	**諸事不宜**	**忌**祈福、出行、納采、問名、嫁娶、移徙、安床、解除、修造動土、豎柱上樑、開市、立券、交易、納財、破土、安葬、啟攢	**宜**出行、納采、問名、嫁娶、移徙、解除、修造動土、豎柱上樑、開市、立券、交易、入宅 **忌**祭祀
倉庫碓 外西北	廚灶床 外正西	碓磨栖 外正西	占大門 外正西	房床爐 外正西
沖鼠 23歲 煞北	沖豬 24歲 煞東	沖狗 25歲 煞南	沖雞 26歲 煞西	沖猴 27歲 煞北

穀雨

午時　11時13分

斗指癸為穀雨，言雨生百穀也。時必雨下降，百穀滋長之意。

節氣諺語：穀雨前三日無茶挽，穀雨後三日挽不及。

這是指穀雨左右要開始摘採春茶、製春茶，這段期間茶農最為忙碌。

	21	22	23	24
星期	星期六	星期日	星期一	星期二
節日	濟公活佛成道日			
農曆	初六	初七	初八	初九
干支	癸未	甲申	乙酉	丙戌
五行	木	水	水	土
建除	平	定	執	破
	★	★	宜	宜
宜忌	**諸事不宜**	**忌**祈福、出行、納采、問名、嫁娶、移徙、安床、解除、修造動土、豎柱上樑、開市、立券、交易、納財、破土、安葬、啟攢	**宜**祭祀、祈福、出行、納采、問名、嫁娶、移徙、解除、豎柱上樑、開市、立券、交易、納財、安葬、入宅 **忌**修造動土、破土	**宜**祭祀、解除 **忌**祈福、出行、納采、問名、嫁娶、移徙、安床、修造動土、豎柱上樑、開市、立券、交易、納財、破土、安葬、啟攢
胎神	房床廁 外西北	占門爐 外西北	碓磨門 外西北	廚灶棲 外西北
沖煞	沖牛 22歲 煞西	沖虎 21歲 煞南	沖兔 20歲 煞東	沖龍 19歲 煞北

戊戌年每日宜忌

30	29	28	27	26	25
一期星	**日期星**	**六期星**	**五期星**	**四期星**	**三期星**
保生大帝聖誕 天德 月德				刀砧日	天德合 月德合 刀砧日
十五	**十四**	**十三**	**十二**	**十一**	**初十**
壬辰	辛卯	庚寅	己丑	戊子	丁亥
水	木	木	火	火	土
建	閉	開	收	成	危
宜	★	**宜**	**宜**	**宜**	★
宜 祭祀 **忌** 修造動土、破土	**忌** 祈福、出行、納采、問名、嫁娶、移徙、安床、解除、修造動土、豎柱上樑、開市、立券、交易、納財、破土、安葬、啟攢	**宜** 出行、納采、問名、移徙、解除、修造動土、豎柱上樑、開市、立券、交易、納財 **忌** 祭祀、嫁娶	**宜** 祭祀、納財 **忌** 祈福、出行、納采、問名、嫁娶、移徙、安床、解除、修造動土、豎柱上樑、開市、立券、交易、破土、安葬、啟攢	**宜** 祭祀、祈福、出行、納采、問名、嫁娶、修造動土、豎柱上樑、開市、立券、交易、納財 **忌** 移徙、破土、安葬、啟攢	**日逢受死日，不宜諸吉事**
倉庫栖 外正北	廚灶門 外正北	碓磨爐 外正北	占門廁 外正北	房床碓 外正北	倉庫床 外西北
沖狗 13歲 煞南	沖雞 14歲 煞西	沖猴 15歲 煞北	沖羊 16歲 煞東	沖馬 17歲 煞南	沖蛇 18歲 煞西

戊戌年每日宜忌

二〇一八年國曆五月大	1	2	3	4	5
	二期星	三期星	四期星	五期星	六期星
	準提菩薩聖誕			太陽星君聖誕	註生娘娘千秋
農曆四月 丁巳 梅月 煞東方	十六	十七	十八	十九	二十
	癸巳	甲午	乙未	丙申	丁酉
	水	金	金	火	火
	除	滿	平	定	定執
	宜	宜	★	宜	宜
立夏東風少病痾，晴逢初八果生多 雷鳴甲子庚辰日，定主蝗蟲侵損禾	**宜** 入宅 **忌** 祈福、出行、納采、問名、嫁娶、移徙、安床、修造動土、豎柱上樑、破土、安葬、啟攢	**宜** 祭祀 **忌** 祈福、出行、納采、問名、嫁娶、移徙、安床、解除、修造動土、豎柱上樑、開市、立券、交易、納財、破土、安葬、啟攢	**諸事不宜**	**宜** 祭祀 **忌** 祈福、出行、納采、問名、嫁娶、移徙、安床、解除、修造動土、豎柱上樑、開市、立券、交易、納財、破土、安葬、啟攢	**宜** 出行、納采、問名、嫁娶、移徙、修造動土、豎柱上樑、開市、立券、交易、納財、破土、安葬、入宅 **忌** 解除
每日胎神占方	占房床房內北	占門碓房內北	碓磨廁房內北	廚灶爐房內北	倉庫門房內北
每日沖煞年齡	沖豬12歲煞東	沖鼠11歲煞北	沖牛10歲煞西	沖虎9歲煞南	沖兔8歲煞東

戊戌年每日宜忌

立夏

亥時 21時25分

斗指東南維為立夏，萬物至此皆已長大，故名立夏。

節氣諺語：立夏，補老父。

民俗上，立夏日要為年老的父親進補。

6	7	8	9
日期星	**一期星**	**二期星**	**三期星**
		天上聖母聖誕 月德	天德
廿一	**廿二**	**廿三**	**廿四**
戊戌	己亥	庚子	辛丑
木	木	土	土
執	破	危	成
宜	**宜**	**宜**	**宜**
宜祭祀、祈福、納采、問名、嫁娶、移徙、解除、修造動土、豎柱上樑、入宅 **忌**出行、開市、立券、交易、納財	**宜**祭祀、解除 **忌**祈福、出行、納采、問名、嫁娶、移徙、安床、修造動土、豎柱上樑、開市、立券、交易、納財、破土、安葬、啟攢	**宜**祭祀、祈福、出行、納采、問名、嫁娶、移徙、安床、解除、修造動土、豎柱上樑、破土、安葬、啟攢、入宅	**宜**祭祀、祈福、出行、納采、問名、嫁娶、解除、修造動土、豎柱上樑、開市、立券、交易、納財、安葬 **忌**移徙
房床栖 房內南	占門床 房內南	占碓磨 房內南	廚灶廁 房內南
沖龍 7歲 煞北	沖蛇 6歲 煞西	沖馬 5歲 煞南	沖羊 4歲 煞東

戊戌年每日宜忌

10	11	12	13	14	15
星期四	星期五	星期六	星期日	星期一	星期二
刀砧日 勿探病	鬼谷先師 千秋 刀砧日		東嶽大帝 聖誕 月德合	天德合	
廿五	廿六	廿七	廿八	廿九	四月
壬寅	癸卯	甲辰	乙巳	丙午	丁未
金	金	火	火	水	水
收	開	閉	建	除	滿
★	宜	★	★	宜	宜
忌 祭祀、祈福、出行、納采、問名、嫁娶、移徙、安床、解除、修造動土、豎柱上樑、開市、立券、交易、納財、破土、安葬、啟攢	**宜** 祭祀	**諸事不宜**	**日逢受死日，不宜諸吉事**	**宜** 祭祀、入宅 **忌** 祈福、出行、納采、問名、嫁娶、移徙、安床、解除、修造動土、豎柱上樑、開市、立券、交易、納財、破土、安葬、啟攢	**宜** 祭祀 **忌** 祈福、出行、納采、問名、嫁娶、移徙、安床、解除、修造動土、豎柱上樑、開市、立券、交易、納財、破土、安葬、啟攢
倉庫爐 房內南	房床門 房內南	門雞栖 房內東	碓磨床 房內東	廚灶碓 房內東	倉庫廁 房內東
沖猴 3歲 煞北	沖雞 2歲 煞西	沖狗 1歲 煞南	沖豬 60歲 煞東	沖鼠 59歲 煞北	沖牛 58歲 煞西

戊戌年每日宜忌

16	17	18	19	20	21
三期星	四期星	五期星	六期星	日期星	一期星
		文殊菩薩聖誕 月德	天德		
初二	初三	初四	初五	初六	初七
戊申	己酉	庚戌	辛亥	壬子	癸丑
土	土	金	金	木	木
平	定	執	破	危	成
宜	宜	宜	宜	★	宜
宜 祭祀 **忌** 祈福、安床	**宜** 祭祀、祈福、出行、納采、問名、嫁娶、移徙、豎柱上樑、開市、立券、交易、納財、安葬、入宅 **忌** 解除、修造動土、破土	**宜** 祭祀、祈福、納采、問名、嫁娶、移徙、解除、修造動土、豎柱上樑、安葬 **忌** 出行	**宜** 祭祀、解除 **忌** 祈福、出行、納采、問名、嫁娶、移徙、安床、修造動土、豎柱上樑、開市、立券、交易、納財、破土、安葬、啟攢	**忌** 祈福、出行、納采、問名、嫁娶、移徙、安床、解除、修造動土、豎柱上樑、開市、立券、交易、納財、破土、安葬、啟攢	**宜** 出行、修造動土、豎柱上樑、開市、立券、交易、納財 **忌** 納采、問名、嫁娶、移徙
房床爐 房內東	占大門 外東北	碓磨栖 外東北	廚灶床 外東北	倉庫碓 外東北	房床廁 外東北
沖虎 57歲 煞南	沖兔 56歲 煞東	沖龍 55歲 煞北	沖蛇 54歲 煞西	沖馬 53歲 煞南	沖羊 52歲 煞東

小滿

巳時　10時15分

斗指甲為小滿，萬物長於此少得盈滿，麥至此方，小滿而未全熟，故名。

節氣諺語：小滿櫃，芒種穗。

水稻在小滿前後開始含苞，到芒種左右會吐穗開花。

22	23	24	25
二期星	三期星	四期星	五期星
佛陀誕辰紀念日 刀砧日 勿探病	月德合 刀砧日 勿探病	天德合	
初八	初九	初十	十一
甲寅	乙卯	丙辰	丁巳
水	水	土	土
收	開	閉	建
★	宜	宜	★
忌祭祀、祈福、出行、納采、問名、嫁娶、移徙、安床、解除、修造動土、豎柱上樑、開市、立券、交易、納財、破土、安葬、啟攢	**宜**祭祀、祈福、出行、納采、問名、嫁娶、移徙、解除、修造動土、豎柱上樑、開市、立券、交易、納財	**宜**祭祀 **忌**祈福、出行、納采、問名、嫁娶、移徙、安床、解除、修造動土、豎柱上樑、開市、立券、交易、納財、破土、安葬、啟攢	**日逢受死日，不宜諸吉事**
占門爐 外東北	碓磨門 外正東	廚灶栖 外正東	倉庫床 外正東
沖猴 51歲 煞北	沖雞 50歲 煞西	沖狗 49歲 煞南	沖豬 48歲 煞東

戊戌年每日宜忌

26	27	28	29	30	31
六期星	日期星	一期星	二期星	三期星	四期星
		純陽祖師聖誕 月德	天德		
十二	十三	十四	十五	十六	十七
午戊	未己	申庚	酉辛	戌壬	亥癸
火	火	木	木	水	水
除	滿	平	定	執	破
宜	宜	宜	宜	宜	★
宜 祭祀、入宅 **忌** 祈福、出行、納采、問名、嫁娶、移徙、安床、解除、修造動土、豎柱上樑、開市、立券、交易、納財	**宜** 祭祀 **忌** 祈福、出行、納采、問名、嫁娶、移徙、安床、解除、修造動土、豎柱上樑、開市、立券、交易、納財、破土、安葬、啟攢	**宜** 祭祀、出行、移徙、修造動土、豎柱上樑、開市、立券、交易、納財、破土、安葬 **忌** 祈福、納采、問名、嫁娶、安床、解除	**宜** 祭祀、祈福、出行、納采、問名、嫁娶、移徙、解除、修造動土、豎柱上樑、開市、立券、交易、納財、破土、安葬、入宅	**宜** 解除 **忌** 出行、開市、立券、交易、納財	**諸事不宜**
房床碓 外正東	占門廁 外正東	碓磨爐 外東南	廚灶門 外東南	倉庫栖 外東南	占房床 外東南
沖鼠 47歲 煞北	沖牛 46歲 煞西	沖虎 45歲 煞南	沖兔 44歲 煞東	沖龍 43歲 煞北	沖蛇 42歲 煞西

二○一八年 國曆六月小	1	2	3	4	5
	星期五	星期六	星期日	星期一	星期二
		月德合	月德		
農曆五月 戊午 蒲月 煞北方 —— 端陽有雨是豐年，芒種聞雷美亦然 夏至風從西北起，瓜蔬園內受熬煎	十八	十九	二十	廿一	廿二
	甲子	乙丑	丙寅	丁卯	戊辰
	金	金	火	火	木
	危	成	收	開	閉
	宜	宜	宜	宜	★
	宜入宅 **忌**祈福、出行、納采、問名、嫁娶、移徙、安床、解除、修造動土、豎柱上樑、開市、立券、交易、納財	**宜**祭祀、祈福、出行、納采、問名、嫁娶、解除、修造動土、豎柱上樑、開市、立券、交易、納財、安葬 **忌**移徙	**宜**出行、納采、問名、嫁娶、移徙、解除、豎柱上樑、立券、交易、納財 **忌**祭祀、修造動土、破土	**宜**祭祀	**諸事不宜**
每日胎神占方	占門碓 外東南	碓磨廁 外東南	廚灶爐 外正南	倉庫門 外正南	房床栖 外正南
每日沖煞年齡	沖馬 41歲 煞南	沖羊 40歲 煞東	沖猴 39歲 煞北	沖雞 38歲 煞西	沖狗 37歲 煞南

戊戌年每日宜忌

6	芒種	7	8	9
三期星		四期星	五期星	六期星
			月德合	
廿三	丑時 01時29分	廿四	廿五	廿六
己巳		庚午	辛未	壬申
木		土	土	金
閉建		建	除	滿
宜		★	宜	宜
宜祭祀、納財 **忌**祈福、出行、納采、問名、嫁娶、移徙、安床、解除、修造動土、豎柱上樑、開市、破土、安葬、啟攢	斗指巳為芒種，此時可有種芒之穀，過此即失效，故名芒種。 節氣諺語：芒種蝶仔討無食。 指芒種前後，百花花期已過，蝴蝶無花粉可採。	**諸事不宜**	**宜**祭祀、祈福、出行、納采、問名、嫁娶、移徙、解除、修造動土、豎柱上樑、立券、交易、納財、安葬、入宅	**宜**祭祀、祈福、出行、移徙、解除、開市、納財、破土、安葬、入宅 **忌**納采、問名、安床、立券、交易
占門床 外正南		占碓磨 外正南	廚灶廁 外西南	倉庫爐 外西南
沖豬 36歲 煞東		沖鼠 35歲 煞北	沖牛 34歲 煞西	沖虎 33歲 煞南

15	14	13	12	11	10
五期星	四期星	三期星	二期星	一期星	日期星
		月德			
初二	五月	三十	廿九	廿八	廿七
寅戊	丑丁	子丙	亥乙	戌甲	酉癸
土	水	水	火	火	金
成	危	破	執	定	平
宜	宜	★	宜	宜	★
宜出行、納采、問名、嫁娶、解除、修造動土、豎柱上樑、開市、立券、交易、納財 **忌**祭祀、移徙	**宜**祭祀 **忌**祈福、出行、納采、問名、嫁娶、移徙、安床、解除、修造動土、豎柱上樑、開市、立券、交易、納財、破土、安葬、啟攢	**日逢受死日，不宜諸吉事**	**宜**祭祀、入宅 **忌**祈福、出行、納采、問名、嫁娶、移徙、安床、解除、修造動土、豎柱上樑、開市、立券、交易、納財、破土、安葬、啟攢	**宜**祭祀、祈福、納采、問名、嫁娶、修造動土、豎柱上樑、立券、交易、納財、入宅 **忌**解除	**忌**祈福、出行、納采、問名、嫁娶、移徙、安床、解除、修造動土、豎柱上樑、開市、立券、交易、納財、破土、安葬、啟攢
房床爐 外正西	倉庫廁 外正西	廚灶碓 外西南	碓磨床 外西南	門碓栖 外西南	房床門 外西南
沖猴 27歲 煞北	沖羊 28歲 煞東	沖馬 29歲 煞南	沖蛇 30歲 煞西	沖龍 31歲 煞北	沖兔 32歲 煞東

戊戌年每日宜忌

21	20	19	18	17	16
星期四	星期三	星期二	星期一	星期日	星期六
			月德合		
初八	**初七**	**初六**	**初五**	**初四**	**初三**
甲申	癸未	壬午	辛巳	庚辰	己卯
水	木	木	金	金	土
滿	除	建	閉	開	收
宜	**宜**	★	**宜**	**宜**	**宜**
宜祭祀、祈福、出行、嫁娶、移徙、解除、開市、納財、破土、安葬、入宅 **忌**納采、問名、安床、立券、交易	**宜**出行、嫁娶、解除、立券、交易、納財、安葬、入宅	**諸事不宜**	**宜**祭祀 **忌**祈福、出行、解除	**宜**祭祀、祈福、出行、納采、問名、移徙、解除、修造動土、豎柱上樑 **忌**開市、立券、交易、納財	**宜**祭祀 **忌**祈福、出行、納采、問名、嫁娶、移徙、安床、解除、修造動土、豎柱上樑、開市、立券、交易、納財、破土、安葬、啟攢
占門爐 外西北	房床廁 外西北	倉庫碓 外西北	廚灶床 外正西	碓磨栖 外正西	占大門 外正西
沖虎21歲煞南	沖牛22歲煞西	沖鼠23歲煞北	沖豬24歲煞東	沖狗25歲煞南	沖雞26歲煞西

夏至	22	23	24	25
	五期星	六期星	日期星	一期星
		月德		
酉時 18時07分	初九	初十	十一	十二
	乙酉	丙戌	丁亥	戊子
	水	土	土	火
	平	定	執	破
	★	宜	宜	★
斗指乙為夏至，萬物於此皆長大而極至，時夏將至，故名。節氣諺語：夏至，風颱就出世。指夏至後，台灣就開始進入颱風季節。	**忌**祈福、出行、納采、問名、嫁娶、移徙、安床、解除、修造動土、豎柱上樑、開市、立券、交易、納財、破土、安葬、啟攢	**宜**祭祀、祈福、出行、納采、問名、嫁娶、移徙、解除、修造動土、豎柱上樑、立券、交易、納財、入宅	**宜**祭祀 **忌**祈福、出行、納采、問名、嫁娶、移徙、安床、解除、修造動土、豎柱上樑、開市、立券、交易、納財、破土、安葬、啟攢	**日逢受死日，不宜諸吉事**
	碓磨門外西北	廚灶栖外西北	倉庫床外西北	房床碓外正北
	沖兔20歲煞東	沖龍19歲煞北	沖蛇18歲煞西	沖馬17歲煞南

戊戌年每日宜忌

30	29	28	27	26
六期星	五期星	四期星	三期星	二期星
		月德合		
十七	十六	十五	十四	十三
癸巳	壬辰	辛卯	庚寅	己丑
水	水	木	木	火
閉	開	收	成	危
宜	宜	宜	宜	宜
宜入宅 **忌**祈福、出行、納采、問名、嫁娶、移徙、安床、解除、修造動土、豎柱上樑、開市、破土、安葬、啟攢	**宜**祭祀、祈福、出行、納采、問名、移徙、解除、修造動土、豎柱上樑、入宅 **忌**開市、立券、交易、納財	**宜**祭祀 **忌**出行、嫁娶、移徙	**宜**出行、納采、問名、嫁娶、修造動土、豎柱上樑、開市、立券、交易、納財、破土、啟攢 **忌**祭祀、移徙	**宜**祭祀 **忌**祈福、出行、納采、問名、嫁娶、移徙、安床、解除、修造動土、豎柱上樑、開市、立券、交易、納財、破土、安葬、啟攢
占房床 房內北	倉庫栖 外正北	廚灶門 外正北	碓磨爐 外正北	占門廁 外正北
沖豬 12歲 煞東	沖狗 13歲 煞南	沖雞 14歲 煞西	沖猴 15歲 煞北	沖羊 16歲 煞東

二〇一八年 國曆七月大	1	2	3	4	5
	日期星	一期星	二期星	三期星	四期星
	天赦日 張天師聖誕		月德		
農曆六月 己未 荔月 煞西方	十八	十九	二十	廿一	廿二
	甲午	乙未	丙申	丁酉	戊戌
	金	金	火	火	木
	建	除	滿	平	定
	宜	宜	宜	★	宜
小暑之中逢酷熱，五穀田中多不結 大暑若不見災厄，定主三冬多雨雪	**宜** 祭祀 **忌** 祈福、出行、納采、問名、嫁娶、移徙、安床、解除、修造動土、豎柱上樑、開市、立券、交易、納財、破土、安葬、啟攢	**宜** 出行、嫁娶、解除、立券、交易、納財、安葬、入宅	**宜** 祭祀、祈福、出行、納采、問名、嫁娶、移徙、解除、修造動土、豎柱上樑、開市、立券、交易、納財、破土、安葬、入宅 **忌** 安床	**忌** 祈福、出行、納采、問名、嫁娶、移徙、安床、解除、修造動土、豎柱上樑、開市、立券、交易、納財、破土、安葬、啟攢	**宜** 祭祀、祈福、出行、納采、問名、嫁娶、移徙、修造動土、豎柱上樑、立券、交易、納財、入宅 **忌** 解除
每日胎神占方	占門碓 房內北	碓磨廁 房內北	廚灶爐 房內北	倉庫門 房內北	房床栖 房內南
每日沖煞年齡	沖鼠 11歲 煞北	沖牛 10歲 煞西	沖虎 9歲 煞南	沖兔 8歲 煞東	沖龍 7歲 煞北

戊戌年每日宜忌

9	8	小暑	7	6
一期星	日期星		六期星	五期星
刀砧日 勿探病				
廿六	廿五	午時 11時42分	廿四	廿三
壬寅	辛丑		庚子	己亥
金	土		土	木
危	破		執 破	執
宜	★		★	宜
宜安床、開市、立券、交易、納財、破土、啟攢、入宅 **忌**祭祀、祈福、解除	**諸事不宜**	**斗指辛為小暑，斯時天氣已熱，尚未達於極點，故名小暑。節氣諺語：小暑過，一日熱三分。**指小暑過後，天氣會一天比一天熱。	**忌**祈福、出行、納采、問名、嫁娶、移徙、安床、解除、修造動土、豎柱上樑、開市、立券、交易、納財、破土、安葬、啟攢	**宜**祭祀 **忌**祈福、出行、納采、問名、嫁娶、移徙、安床、解除、修造動土、豎柱上樑、開市、立券、交易、納財、破土、安葬、啟攢
倉庫爐 房內南	廚灶廁 房內南		占碓磨 房內南	占門床 房內南
沖猴 3歲 煞北	沖羊 4歲 煞東		沖馬 5歲 煞南	沖蛇 6歲 煞西

10	11	12	13	14	15
星期二	星期三	星期四	星期五	星期六	星期日
刀砧日	天德 月德				韋陀尊者聖誕
廿七	廿八	廿九	六月	初二	初三
癸卯	甲辰	乙巳	丙午	丁未	戊申
金	火	火	水	水	土
成	收	開	閉	建	除
宜	**宜**	**宜**	★	**宜**	**宜**
宜出行、納采、問名、嫁娶、移徙、修造動土、豎柱上樑、開市、立券、交易、納財、破土、安葬、啟攢、入宅	**宜**祭祀、祈福、出行、納采、問名、嫁娶、移徙、解除、修造動土、豎柱上樑、納財、安葬、入宅	**宜**祭祀 **忌**祈福、出行、納采、問名、嫁娶、移徙、安床、解除、修造動土、豎柱上樑、開市、立券、交易、納財、破土、安葬、啟攢	**日逢受死日，不宜諸吉事**	**宜**祭祀、出行 **忌**祈福、納采、問名、嫁娶、解除、修造動土、豎柱上樑、破土、安葬、啟攢	**宜**祭祀 **忌**出行、納采、問名、安床、立券、交易、納財、破土、安葬、啟攢
房床門 房內南	門雞栖 房內東	碓磨床 房內東	廚灶碓 房內東	倉庫廁 房內東	房床爐 房內東
沖雞 2歲 煞西	沖狗 1歲 煞南	沖豬 60歲 煞東	沖鼠 59歲 煞北	沖牛 58歲 煞西	沖虎 57歲 煞南

戊戌年每日宜忌

16	17	18	19	20	21	22
星期一	星期二	星期三	星期四	星期五	星期六	星期日
天德合 月德合	初伏				天德 月德 刀砧日 勿探病	刀砧日 勿探病
初四	初五	初六	初七	初八	初九	初十
己酉	庚戌	辛亥	壬子	癸丑	甲寅	乙卯
土	金	金	木	木	水	水
滿	平	定	執	破	危	成
宜	★	宜	★	★	宜	宜
宜祭祀、祈福、出行、納采、問名、嫁娶、移徙、解除、修造動土、豎柱上樑、開市、立券、交易、納財	**諸事不宜**	**宜**祭祀、祈福、出行、納采、問名、移徙、修造動土、豎柱上樑、立券、交易、納財、入宅 **忌**嫁娶、解除、破土、安葬、啟攢	**忌**祈福、出行、納采、問名、嫁娶、移徙、安床、解除、修造動土、豎柱上樑、開市、立券、交易、納財、破土、安葬、啟攢	**諸事不宜**	**宜**出行、移徙、安床、修造動土、豎柱上樑、開市、立券、交易、納財、破土、安葬、啟攢、入宅 **忌**祭祀、祈福、納采、問名、嫁娶、解除	**宜**出行、納采、問名、嫁娶、移徙、修造動土、豎柱上樑、開市、立券、交易、納財、破土、啟攢、入宅
占大門 外東北	碓磨栖 外東北	廚灶床 外東北	倉庫碓 外東北	房床廁 外東北	占門爐 外東北	碓磨門 外正東
沖兔 56歲 煞東	沖龍 55歲 煞北	沖蛇 54歲 煞西	沖馬 53歲 煞南	沖羊 52歲 煞東	沖猴 51歲 煞北	沖雞 50歲 煞西

23	大暑	24	25	26	27
一期星		二期星	三期星	四期星	五期星
田都元帥千秋				天德合、月德合	中伏、先天王靈官聖誕
十一	卯時 05時00分	十二	十三	十四	十五
丙辰		丁巳	戊午	己未	庚申
土		土	火	火	木
收		開	閉	建	除
宜		★	★	宜	宜
宜祭祀、納財 **忌**祈福、出行、納采、問名、嫁娶、移徙、安床、解除、修造動土、豎柱上樑、開市、立券、交易、破土、安葬、啟攢	**斗指丙為大暑，斯時天氣甚熱於小暑，故名大暑。節氣諺語：大暑熱不透，大水風颱到。**大暑這天如果天氣不熱，表氣候不順，容易有水災、颱風等災害。	**諸事不宜**	**日逢受死日，不宜諸吉事**	**宜**祭祀、出行、移徙、納財 **忌**祈福、納采、問名、嫁娶、解除、修造動土、豎柱上樑、破土、安葬、啟攢	**宜**祭祀、入宅 **忌**出行、納采、問名、嫁娶、移徙、安床、修造動土、豎柱上樑、開市、立券、交易、納財
廚灶栖 外正東		倉庫床 外正東	房床碓 外正東	占門廁 外正東	碓磨爐 外東南
沖狗 49歲 煞南		沖豬 48歲 煞東	沖鼠 47歲 煞北	沖牛 46歲 煞西	沖虎 45歲 煞南

戊戌年每日宜忌

31	30	29	28
星期二	**星期一**	**星期日**	**星期六**
觀世音菩薩成道日 天德 月德			
十九	**十八**	**十七**	**十六**
甲子	癸亥	壬戌	辛酉
金	水	水	木
執	定	平	滿
宜	★	★	**宜**
宜 祭祀、祈福、出行、納采、問名、嫁娶、解除、修造動土、豎柱上樑、安葬 **忌** 移徙	**忌** 祈福、出行、納采、問名、嫁娶、移徙、安床、解除、修造動土、豎柱上樑、開市、立券、交易、納財、破土、安葬、啟攢	**諸事不宜**	**宜** 祭祀 **忌** 祈福、出行、納采、問名、嫁娶、移徙、安床、解除、修造動土、豎柱上樑、開市、立券、交易、納財、破土、安葬、啟攢
占門碓 外東南	占房床 外東南	倉庫棲 外東南	廚灶門 外東南
沖馬 41歲 煞南	沖蛇 42歲 煞西	沖龍 43歲 煞北	沖兔 44歲 煞東

二〇一八年國曆八月大	1	2	3	4	5
	三期星	四期星	五期星	六期星	日期星
		月德 刀砧日	刀砧日		關聖帝君聖誕 天德合 月德合
農曆七月 庚申 巧月 煞南方	二十	廿一	廿二	廿三	廿四
	乙丑	丙寅	丁卯	戊辰	己巳
	金	火	火	木	木
	破	危	成	收	開
	★	宜	宜	宜	宜
立秋無雨是堪憂，萬物從來只半收 處暑若逢天下雨，縱然結實也難留	**諸事不宜**	**宜**開市、立券、交易、納財、破土、安葬、啟攢、入宅 **忌**祭祀、祈福、解除	**宜**出行、納采、問名、嫁娶、移徙、修造動土、豎柱上樑、開市、立券、交易、納財、破土、啟攢、入宅	**宜**祭祀、納財 **忌**祈福、出行、納采、問名、嫁娶、移徙、安床、解除、修造動土、豎柱上樑、開市、立券、交易、破土、安葬、啟攢	**宜**祭祀、入宅 **忌**祈福、出行、納采、問名、嫁娶、移徙、安床、解除、修造動土、豎柱上樑、開市、立券、交易、納財、破土、安葬、啟攢
每日胎神占方	碓磨廁 外東南	廚灶爐 外正南	倉庫門 外正南	房床栖 外正南	占門床 外正南
每日沖煞年齡	沖羊 40歲 煞東	沖猴 39歲 煞北	沖雞 38歲 煞西	沖狗 37歲 煞南	沖豬 36歲 煞東

6	7	立秋	8	9	10
一期星	**二期星**		**三期星**	**四期星**	**五期星**
勿探病			月德	天德	
廿五	**廿六**	亥時 21時31分	**廿七**	**廿八**	**廿九**
庚午	辛未		壬申	癸酉	甲戌
土	土		金	金	火
閉	閉建		建	除	滿
★	★		**宜**	**宜**	★
日逢受死日，不宜諸吉事	**諸事不宜**	**斗指西南維為立秋，陰意出地始殺萬物，按秋訓禾，穀熟。** **節氣諺語：六月秋，快溜溜，七月秋，秋後油。** 指如果立秋在農曆六月，漁業作業期會提早結束，如果落在七月，表示天氣穩定，漁業會較晚結束。	**宜**祭祀、祈福、出行、納采、問名、嫁娶、移徙、解除、豎柱上樑、納財、安葬、入宅 **忌**安床、修造動土、破土	**宜**祭祀、祈福、納采、問名、解除、修造動土、豎柱上樑、納財、破土、安葬 **忌**出行、嫁娶、移徙	**忌**祭祀、納采、問名、嫁娶、開市、立券、交易、納財
占碓磨 外正南	廚灶廁 外西南		倉庫爐 外西南	房床門 外西南	門碓栖 外西南
沖鼠 35歲 煞北	沖牛 34歲 煞西		沖虎 33歲 煞南	沖兔 32歲 煞東	沖龍 31歲 煞北

11	12	13	14	15	16
六期星	日期星	一期星	二期星	三期星	四期星
		月德合		勿探病	末伏
七月	初二	初三	初四	初五	初六
乙亥	丙子	丁丑	戊寅	己卯	庚辰
火	水	水	土	土	金
平	定	執	破	危	成
宜	宜	★	★	宜	★
宜祭祀 **忌**祈福、出行、納采、問名、嫁娶、移徙、安床、解除、修造動土、豎柱上樑、開市、立券、交易、納財、破土、安葬、啟攢	**宜**祭祀、祈福、出行、納采、問名、嫁娶、移徙、修造動土、豎柱上樑、開市、立券、交易、納財、破土、啟攢、入宅 **忌**解除	**日逢受死日，不宜諸吉事**	**忌**祭祀、祈福、出行、納采、問名、嫁娶、移徙、安床、解除、修造動土、豎柱上樑、開市、立券、交易、納財、破土、安葬、啟攢	**宜**祭祀、入宅 **忌**祈福、出行、納采、問名、嫁娶、移徙、安床、解除、修造動土、豎柱上樑、開市、立券、交易、納財、破土	**諸事不宜**
碓磨床 外西南	廚灶碓 外西南	倉庫廁 外正西	房床爐 外正西	占大門 外正西	碓磨栖 外正西
沖蛇 30歲 煞西	沖馬 29歲 煞南	沖羊 28歲 煞東	沖猴 27歲 煞北	沖雞 26歲 煞西	沖狗 25歲 煞南

戊戌年每日宜忌

22	21	20	19	18	17
星期三	星期二	星期一	星期日	星期六	星期五
			天德	月德 刀砧日 勿探病	七星娘娘 千秋 刀砧日
十二	十一	初十	初九	初八	初七
丙戌	乙酉	甲申	癸未	壬午	辛巳
土	水	水	木	木	金
滿	除	建	閉	開	收
★	宜	宜	宜	宜	宜
忌祭祀、納采、問名、嫁娶、開市、立券、交易、納財	**宜**解除、破土、安葬 **忌**出行、納采、問名、嫁娶、移徙、立券、交易	**宜**出行、嫁娶、納財 **忌**祈福、納采、問名、安床、解除、修造動土、豎柱上樑、立券、交易、破土、安葬、啟攢	**宜**祭祀 **忌**祈福、出行、納采、問名、嫁娶、移徙、安床、解除、修造動土、豎柱上樑、開市、立券、交易、納財、破土、安葬、啟攢	**宜**祭祀、祈福、出行、納采、問名、嫁娶、移徙、解除、修造動土、豎柱上樑、開市、納財	**宜**嫁娶、開市、立券、交易、納財 **忌**出行
廚灶栖 外西北	碓磨門 外西北	占門爐 外西北	房床廁 外西北	倉庫碓 外西北	廚灶床 外正西
沖龍 19歲 煞北	沖兔 20歲 煞東	沖虎 21歲 煞南	沖牛 22歲 煞西	沖鼠 23歲 煞北	沖豬 24歲 煞東

23	處暑	24	25	26
星期四		星期五	星期六	星期日
大勢至菩薩聖誕、月德合		天德合	地官聖誕	
十三	午時 12時09分	十四	十五	十六
丁亥		戊子	己丑	庚寅
土		火	火	木
平		定	執	破
宜		宜	★	★
宜祭祀、出行、納采、問名、移徙、豎柱上樑 **忌**祈福、嫁娶、解除、修造動土、破土	**斗指戊為處暑，暑將退，伏而潛處，故名。** **節氣諺語：處暑，會曝死老鼠。** 指雖然已經進入秋天，但此時天氣還是會酷熱，所謂的秋老虎。	**宜**祭祀、祈福、出行、納采、問名、嫁娶、移徙、解除、修造動土、豎柱上樑、開市、立券、交易、納財、安葬、入宅	**日逢受死日，不宜諸吉事**	**諸事不宜**
倉庫床 外西北		房床碓 外正北	占門廁 外正北	碓磨爐 外正北
沖蛇18歲 煞西		沖馬17歲 煞南	沖羊16歲 煞東	沖猴15歲 煞北

戊戌年每日宜忌

27	28	29	30	31
星期一	星期二	星期三	星期四	星期五
	瑤池金母聖誕 月德	值年太歲星君千秋 天德 刀砧日	刀砧日	
十七	十八	十九	二十	廿一
辛卯	壬辰	癸巳	甲午	乙未
木	水	水	金	金
危	成	收	開	閉
宜	宜	宜	宜	★
宜祭祀、啟攢、入宅 **忌**祈福、出行、納采、問名、嫁娶、移徙、安床、解除、修造動土、豎柱上樑、開市、立券、交易、納財、破土	**宜**祭祀、祈福、解除、修造動土、豎柱上樑、開市、立券、交易、納財、安葬 **忌**出行、納采、問名、嫁娶、移徙	**宜**祭祀、祈福、納采、問名、嫁娶、移徙、解除、修造動土、豎柱上樑、開市、立券、交易、納財、入宅 **忌**出行	**宜**祭祀 **忌**納采、問名、安床	**諸事不宜**
廚灶門 外正北	倉庫棲 外正北	占房床 房內北	占門碓 房內北	碓磨廁 房內北
沖雞14歲 煞西	沖狗13歲 煞南	沖豬12歲 煞東	沖鼠11歲 煞北	沖牛10歲 煞西

二〇一八年 國曆九月小	1	2	3	4
	星期六	星期日	星期一	星期二
		諸葛武侯 千秋 月德合	延平郡王 千秋 天德合	
農曆八月 辛酉 桂月 煞東方	廿二	廿三	廿四	廿五
	丙申	丁酉	戊戌	己亥
	火	火	木	木
	建	除	滿	平
	宜	**宜**	**宜**	**宜**
秋分天氣白雲多，處處歡歌好晚禾 只怕此時雷電閃，冬來米價到如何	**宜** 出行、納財 **忌** 祈福、納采、問名、安床、解除、修造動土、豎柱上樑、立券、交易、破土、安葬、啟攢	**宜** 祭祀、祈福、納采、問名、解除、修造動土、豎柱上樑、破土、安葬 **忌** 出行、嫁娶、移徙	**宜** 出行、納采、問名、嫁娶、移徙、解除、修造動土、豎柱上樑、開市、立券、交易、納財、安葬 **忌** 祭祀	**宜** 祭祀 **忌** 祈福、出行、納采、問名、嫁娶、移徙、安床、解除、修造動土、豎柱上樑、開市、立券、交易、納財、破土、安葬、啟攢
每日胎神占方	廚灶爐 房內北	倉庫門 房內北	房床栖 房內南	占門床 房內南
每日沖煞年齡	沖虎 9歲 煞南	沖兔 8歲 煞東	沖龍 7歲 煞北	沖蛇 6歲 煞西

戊戌年每日宜忌

5	6	7	8	白露	9
三期星	四期星	五期星	六期星		日期星
		月德 勿探病			地藏王菩薩聖誕
廿六	廿七	廿八	廿九	子時 00時30分	三十
庚子	辛丑	壬寅	癸卯		甲辰
土	土	金	金		火
定	執	破	破危		危
宜	★	★	★		★
宜 祭祀、祈福、出行、移徙、修造動土、豎柱上樑、開市、立券、交易、納財、入宅 **忌** 納采、問名、嫁娶、解除、破土、安葬、啟攢	**日逢受死日，不宜諸吉事**	**忌** 祭祀、祈福、出行、納采、問名、嫁娶、移徙、安床、解除、修造動土、豎柱上樑、開市、立券、交易、納財、破土、安葬、啟攢	**諸事不宜**	**斗指癸為白露，陰氣漸重，露凝而白，故名白露。節氣諺語：白露水，卡毒鬼。** 白露雨水性毒，一方面也指天氣變冷，露水冷冽，不利作物生長。	**忌** 祈福、出行、解除、修造動土、豎柱上樑
占碓磨 房內南	廚灶廁 房內南	倉庫爐 房內南	房床門 房內南		門雞棲 房內東
沖馬 5歲 煞南	沖羊 4歲 煞東	沖猴 3歲 煞北	沖雞 2歲 煞西		沖狗 1歲 煞南

戊戌年每日宜忌

10	11	12	13	14	15
一期星	**二期星**	**三期星**	**四期星**	**五期星**	**六期星**
月德合 刀砧日	刀砧日	北斗星君聖誕	天赦日	雷聲普化天尊聖誕	月德
八月	**初二**	**初三**	**初四**	**初五**	**初六**
乙巳	丙午	丁未	戊申	己酉	庚戌
火	水	水	土	土	金
成	收	開	閉	建	除
宜	**宜**	★	**宜**	★	**宜**
宜祭祀、祈福、納采、問名、嫁娶、移徙、解除、修造動土、豎柱上樑、開市、立券、交易、納財、入宅 **忌**出行	**宜**祭祀 **忌**祈福、出行、納采、問名、嫁娶、移徙、安床、解除、修造動土、豎柱上樑、開市、立券、交易、納財、破土、安葬、啟攢	**日逢受死日，不宜諸吉事**	**宜**祭祀、立券、交易、納財、安葬、入宅 **忌**祈福、安床、解除	**諸事不宜**	**宜**祭祀、祈福、出行、納采、問名、嫁娶、移徙、解除、修造動土、豎柱上樑、納財、安葬、入宅
碓磨床 房內東	廚灶碓 房內東	倉庫廁 房內東	房床爐 房內東	占大門 外東北	碓磨栖 外東北
沖豬 60歲 煞東	沖鼠 59歲 煞北	沖牛 58歲 煞西	沖虎 57歲 煞南	沖兔 56歲 煞東	沖龍 55歲 煞北

戊戌年每日宜忌

16	17	18	19	20	21
日期星	一期星	二期星	三期星	四期星	五期星
			勿探病	月德合 勿探病	
初七	初八	初九	初十	十一	十二
辛亥	壬子	癸丑	甲寅	乙卯	丙辰
金	木	木	水	水	土
滿	平	定	執	破	危
宜	宜	宜	★	★	宜
宜 祭祀、祈福、出行、移徙 **忌** 納采、問名、嫁娶、開市、立券、交易、納財、破土、安葬、啟攢	**宜** 祭祀 **忌** 祈福、出行、納采、問名、嫁娶、移徙、安床、解除、修造動土、豎柱上樑、開市、立券、交易、納財、破土、安葬、啟攢	**宜** 祭祀、祈福、出行、移徙、修造動土、豎柱上樑、立券、交易、納財、入宅 **忌** 納采、問名、嫁娶、解除	**忌** 祭祀、祈福、出行、納采、問名、嫁娶、移徙、安床、解除、修造動土、豎柱上樑、開市、立券、交易、納財、破土、安葬、啟攢	**諸事不宜**	**宜** 入宅 **忌** 祈福、出行、解除、修造動土、豎柱上樑
廚灶床 外東北	倉庫碓 外東北	房床廁 外東北	占門爐 外東北	碓磨門 外正東	廚灶栖 外正東
沖蛇 54歲 煞西	沖馬 53歲 煞南	沖羊 52歲 煞東	沖猴 51歲 煞北	沖雞 50歲 煞西	沖狗 49歲 煞南

22	23	秋分	24	25
星期六	星期日		星期一	星期二
刀砧日	秋社日 刀砧日		臨水夫人千秋 中秋節	月德
十三	十四	巳時 09時54分	十五	十六
丁巳	戊午		己未	庚申
土	火		火	木
成	收		開	閉
宜	宜		★	宜
宜 祭祀、祈福、納采、問名、嫁娶、移徙、修造動土、豎柱上樑、開市、立券、交易、納財、入宅 **忌** 出行、破土、安葬、啟攢	**宜** 祭祀 **忌** 祈福、出行、納采、問名、嫁娶、移徙、安床、解除、修造動土、豎柱上樑、開市、立券、交易、納財、破土、安葬、啟攢	**斗指己為秋分，南北兩半球晝夜均分，又適當秋之半，故名。** **節氣諺語：月半看田頭。** 指這時期稻作生長的好壞已可以看見。	**日逢受死日，不宜諸吉事**	**宜** 祭祀、立券、交易、納財、破土、安葬 **忌** 祈福、納采、問名、嫁娶、安床、解除
倉庫床 外正東	房床碓 外正東		占門廁 外正東	碓磨爐 外東南
沖豬 48歲 煞東	沖鼠 47歲 煞北		沖牛 46歲 煞西	沖虎 45歲 煞南

戊戌年每日宜忌

30	29	28	27	26
星期日	**星期六**	**星期五**	**星期四**	**星期三**
月德合			九天玄女 千秋	
廿一	**二十**	**十九**	**十八**	**十七**
乙丑	甲子	癸亥	壬戌	辛酉
金	金	水	水	木
定	平	滿	除	建
宜	**宜**	**宜**	**宜**	**宜**
宜祭祀、祈福、出行、納采、問名、嫁娶、移徙、解除、修造動土、豎柱上樑、立券、交易、納財、安葬、入宅	**宜**祭祀 **忌**祈福、出行、納采、問名、嫁娶、移徙、安床、解除、修造動土、豎柱上樑、開市、立券、交易、納財、破土、安葬、啟攢	**宜**祭祀、解除 **忌**嫁娶、破土、安葬、啟攢	**宜**祭祀、出行、移徙、解除、修造動土、豎柱上樑、入宅 **忌**祈福、納采、問名、嫁娶、開市、立券、交易、納財、破土、安葬、啟攢	**宜**祭祀 **忌**祈福、出行、納采、問名、嫁娶、移徙、安床、解除、修造動土、豎柱上樑、開市、立券、交易、納財、破土、安葬、啟攢
碓磨廁 外東南	占門碓 外東南	占房床 外東南	倉庫栖 外東南	廚灶門 外東南
沖羊 40歲 煞東	沖馬 41歲 煞南	沖蛇 42歲 煞西	沖龍 43歲 煞北	沖兔 44歲 煞東

戊戌年每日宜忌

二〇一八年 國曆十月大	1	2	3	4	5	6
	星期一	星期二	星期三	星期四	星期五	星期六
	廣澤尊王聖誕 月德			刀砧日	月德 刀砧日 勿探病	
農曆九月 壬戌 菊月 煞北方	廿二	廿三	廿四	廿五	廿六	廿七
	丙寅	丁卯	戊辰	己巳	庚午	辛未
	火	火	木	木	土	土
	執	破	危	成	收	開
	★	★	宜	宜	宜	★
寒露飛霜侵損民，重陽無雨一冬晴 霜降火色人多病，更遇雷聲菜價增	**忌** 祭祀、祈福、出行、納采、問名、嫁娶、移徙、安床、解除、修造動土、豎柱上樑、開市、立券、交易、納財、破土、安葬、啟攢	**諸事不宜**	**宜** 入宅 **忌** 祈福、出行、納采、問名、嫁娶、移徙、安床、解除、修造動土、豎柱上樑	**宜** 祭祀、祈福、納采、問名、嫁娶、移徙、修造動土、豎柱上樑、開市、立券、交易、納財、入宅 **忌** 出行、破土、安葬、啟攢	**宜** 祭祀 **忌** 出行	**日逢受死日，不宜諸吉事**
每日胎神占方	廚灶爐 外正南	倉庫門 外正南	房床栖 外正南	占門床 外正南	占碓磨 外正南	廚灶廁 外西南
每日沖煞年齡	沖猴 39歲 煞北	沖雞 38歲 煞西	沖狗 37歲 煞南	沖豬 36歲 煞東	沖鼠 35歲 煞北	沖牛 34歲 煞西

戊戌年每日宜忌

10	9	寒露	8	7
三期星	二期星		一期星	日期星
初二	九月	申時 16時15分	廿九	廿八
亥乙	戌甲		酉癸	申壬
火	火		金	金
除	建		建閉	閉
宜	★		宜	宜
宜入宅 **忌**祈福、納采、問名、嫁娶、移徙、安床、修造動土、豎柱上樑、破土、安葬、啟攢	**諸事不宜**	**斗指甲為寒露，斯時露寒冷而將欲凝結，故名寒露。節氣諺語：白露水，寒露風。**指白露這天如果下雨，則寒露時節會容易有風災。	**宜**祭祀 **忌**祈福、出行、納采、問名、嫁娶、移徙、安床、解除、修造動土、豎柱上樑、開市、立券、交易、納財、破土、安葬、啟攢	**宜**祭祀、納財、破土、安葬 **忌**祈福、出行、納采、問名、嫁娶、移徙、安床、解除、修造動土、豎柱上樑、開市、立券、交易
碓磨床 外西南	門碓栖 外西南		房床門 外西南	倉庫爐 外西南
沖蛇 30歲 煞西	沖龍 31歲 煞北		沖兔 32歲 煞東	沖虎 33歲 煞南

戊戌年每日宜忌

11	12	13	14	15	16
四期星	五期星	六期星	日期星	一期星	二期星
天德 月德			勿探病		天德合 月德合 刀砧日
初三	初四	初五	初六	初七	初八
丙子	丁丑	戊寅	己卯	庚辰	辛巳
水	水	土	土	金	金
滿	平	定	執	破	危
宜	★	★	宜	宜	宜
宜 祭祀、祈福、出行、納采、問名、嫁娶、解除、修造動土、豎柱上樑、開市、立券、交易、納財、破土、安葬、啟攢 **忌** 移徙	**諸事不宜**	**日逢受死日，不宜諸吉事**	**宜** 祭祀、祈福、嫁娶、安葬、入宅 **忌** 開市、立券、交易、納財	**宜** 祭祀、解除 **忌** 祈福、出行、納采、問名、嫁娶、移徙、安床、修造動土、豎柱上樑、開市、立券、交易、納財、破土、安葬、啟攢	**宜** 祭祀、納采、問名、嫁娶、移徙、安床、修造動土、豎柱上樑 **忌** 祈福、出行、解除
廚灶碓 外西南	倉庫廁 外正西	房床爐 外正西	占大門 外正西	碓磨栖 外正西	廚灶床 外正西
沖馬 29歲 煞南	沖羊 28歲 煞東	沖猴 27歲 煞北	沖雞 26歲 煞西	沖狗 25歲 煞南	沖豬 24歲 煞東

戊戌年每日宜忌

17	18	19	20	21	22
星期三	星期四	星期五	星期六	星期日	星期一
中壇元帥 千秋 刀砧日 勿探病				天德 月德	
初九	初十	十一	十二	十三	十四
壬午	癸未	甲申	乙酉	丙戌	丁亥
木	木	水	水	土	土
成	收	開	閉	建	除
宜	宜	宜	★	宜	★
宜祭祀、祈福、出行、納采、問名、嫁娶、移徙、解除、修造動土、豎柱上樑、開市、立券、交易、納財、破土、安葬、入宅	**宜**祭祀 **忌**祈福、出行、納采、問名、嫁娶、移徙、安床、解除、修造動土、豎柱上樑、開市、立券、交易、納財、破土、安葬、啟攢	**宜**祭祀、祈福、出行、移徙、解除、修造動土、豎柱上樑、開市、入宅 **忌**納采、問名、嫁娶、安床、立券、交易	**忌**祈福、出行、納采、問名、嫁娶、移徙、安床、解除、修造動土、豎柱上樑、開市、立券、交易、納財、破土、安葬、啟攢	**宜**祭祀、祈福、出行、納采、問名、嫁娶、移徙、解除、豎柱上樑、納財、安葬 **忌**修造動土、破土	**忌**祈福、納采、問名、嫁娶、移徙、安床、修造動土、豎柱上樑、破土、安葬、啟攢
倉庫碓 外西北	房床廁 外西北	占門爐 外西北	碓磨門 外西北	廚灶栖 外西北	倉庫床 外西北
沖鼠23歲煞北	沖牛22歲煞西	沖虎21歲煞南	沖兔20歲煞東	沖龍19歲煞北	沖蛇18歲煞西

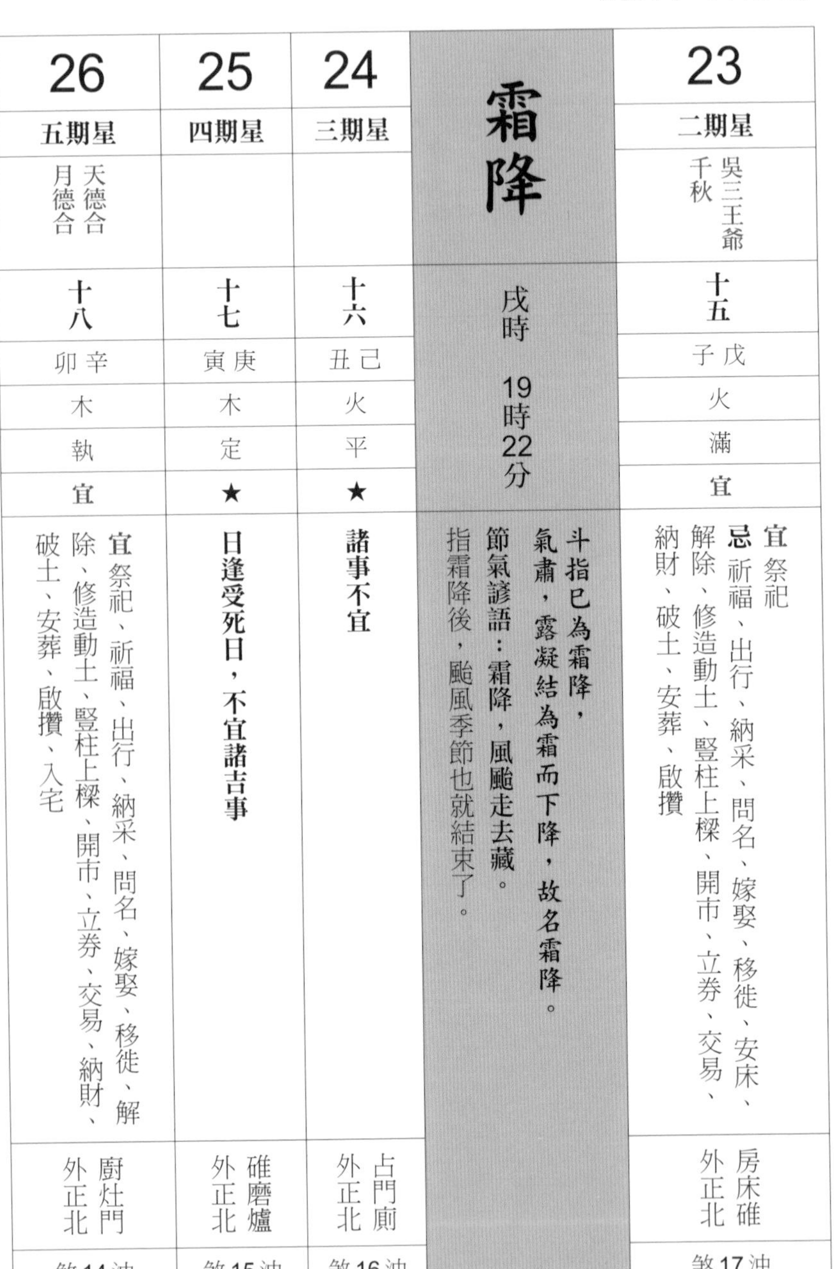

23	霜降	24	25	26
二期星		三期星	四期星	五期星
吳三王爺千秋				天德合 月德合
十五	戌時 19時22分	十六	十七	十八
戊子		己丑	庚寅	辛卯
火		火	木	木
滿		平	定	執
宜		★	★	宜
宜 祭祀 **忌** 祈福、出行、納采、問名、嫁娶、移徙、安床、解除、修造動土、豎柱上樑、開市、立券、交易、納財、破土、安葬、啟攢	**斗指巳為霜降，氣肅，露凝結為霜而下降，故名霜降。** **節氣諺語：霜降，風颱走去藏。** 指霜降後，颱風季節也就結束了。	**諸事不宜**	**日逢受死日，不宜諸吉事**	**宜** 祭祀、祈福、出行、納采、問名、嫁娶、移徙、解除、修造動土、豎柱上樑、開市、立券、交易、納財、破土、安葬、啟攢、入宅
房床碓 外正北		占門廁 外正北	碓磨爐 外正北	廚灶門 外正北
沖馬 17歲 煞南		沖羊 16歲 煞東	沖猴 15歲 煞北	沖雞 14歲 煞西

戊戌年每日宜忌

31	30	29	28	27
星期三	星期二	星期一	星期日	星期六
天德 月德		刀砧日	刀砧日	觀世音菩薩出家日
廿三	廿二	廿一	二十	十九
丙申	乙未	甲午	癸巳	壬辰
火	金	金	水	水
開	收	成	危	破
宜	★	宜	宜	宜
宜 祭祀、祈福、出行、納采、問名、嫁娶、移徙、解除、修造動土、豎柱上樑、開市、入宅 **忌** 安床	**忌** 祈福、出行、納采、問名、嫁娶、移徙、安床、解除、修造動土、豎柱上樑、開市、立券、交易、納財、破土、安葬、啟攢	**宜** 出行、納采、問名、嫁娶、移徙、修造動土、豎柱上樑、開市、立券、交易、納財、破土、安葬、入宅	**宜** 祭祀、納采、問名、嫁娶、移徙、安床、修造動土、豎柱上樑、納財 **忌** 祈福、出行、解除、破土、安葬、啟攢	**宜** 祭祀、解除 **忌** 祈福、出行、納采、問名、嫁娶、移徙、安床、修造動土、豎柱上樑、開市、立券、交易、納財、破土、安葬、啟攢
廚灶爐 房內北	碓磨廁 房內北	占門碓 房內北	占房床 房內北	倉庫棲 外正北
沖虎 9歲 煞南	沖牛 10歲 煞西	沖鼠 11歲 煞北	沖豬 12歲 煞東	沖狗 13歲 煞南

二〇一八年 國曆十一月小	1	2	3	4	5
	星期四	星期五	星期六	星期日	星期一
					天德合 月德合
農曆十月 癸亥 陽月 煞西方	廿四	廿五	廿六	廿七	廿八
	丁酉	戊戌	己亥	庚子	辛丑
	火	木	木	土	土
	閉	建	除	滿	平
	★	★	★	宜	宜
立冬之日怕逢壬，來歲高田枉費心 此日更逢壬子日，災情疾病損人民	**忌**祈福、出行、納采、問名、嫁娶、移徙、安床、解除、修造動土、豎柱上樑、開市、立券、交易、納財、破土、安葬、啟攢	**諸事不宜**	**忌**祈福、問名、嫁娶、移徙、安床、修造動土、豎柱上樑、破土、安葬、啟攢	**宜**祭祀 **忌**祈福、出行、納采、問名、嫁娶、移徙、安床、解除、修造動土、豎柱上樑、開市、立券、交易、納財、破土、安葬、啟攢	**宜**祭祀 **忌**祈福、出行、納采、問名、嫁娶、移徙、安床、解除、修造動土、豎柱上樑、開市、立券、交易、納財、破土、安葬、啟攢
每日胎神占方	倉庫門 房內北	房床栖 房內南	占門床 房內南	占碓磨 房內南	廚灶廁 房內南
每日沖煞年齡	沖兔 8歲 煞東	沖龍 7歲 煞北	沖蛇 6歲 煞西	沖馬 5歲 煞南	沖羊 4歲 煞東

戊戌年每日宜忌

6	7	立冬	8	9
二期星	三期星		四期星	五期星
勿探病	藥師佛佛誕		月德	天德
廿九	三十	戌時	十月	初二
壬寅	癸卯	19時32分	甲辰	乙巳
金	金		火	火
定	定執		執	破
★	宜		宜	宜
日逢受死日，不宜諸吉事	**宜** 出行、納采、問名、嫁娶、移徙、修造動土、豎柱上樑、開市、立券、交易、納財、破土、啟攢、入宅 **忌** 解除	**斗指西北維為立冬，冬者終也，立冬之時萬物終成，故名立冬。節氣諺語：補冬補嘴空。** 民俗上，立冬日要吃麻油雞等進補，儲備過冬的體力。	**宜** 祭祀、祈福、納采、問名、嫁娶、移徙、解除、豎柱上樑、納財、安葬、入宅 **忌** 出行、修造動土、破土	**宜** 祭祀、解除 **忌** 祈福、出行、納采、問名、嫁娶、移徙、安床、修造動土、豎柱上樑、開市、立券、交易、納財、破土、安葬、啟攢
倉庫爐 房內南	房床門 房內南		門雞栖 房內東	碓磨床 房內東
沖猴 3歲 煞北	沖雞 2歲 煞西		沖狗 1歲 煞南	沖豬 60歲 煞東

戊戌年每日宜忌

10	11	12	13	14	15
六期星	日期星	一期星	二期星	三期星	四期星
		達摩祖師聖誕 刀砧日	月德 刀砧日	天德合	
初三	初四	初五	初六	初七	初八
丙午	丁未	戊申	己酉	庚戌	辛亥
水	水	土	土	金	金
危	成	收	開	閉	建
宜	宜	★	宜	宜	宜
宜祭祀 **忌**祈福、出行、納采、問名、嫁娶、移徙、安床、解除、修造動土、豎柱上樑、開市、立券、交易、納財、破土、安葬、啟攢	**宜**祭祀、祈福、修造動土、豎柱上樑、開市、立券、交易、納財 **忌**出行、納采、問名、嫁娶、移徙	**日逢受死日，不宜諸吉事**	**宜**祭祀、祈福、出行、納采、問名、嫁娶、移徙、解除、修造動土、豎柱上樑、開市、納財	**宜**祭祀 **忌**祈福、出行、納采、問名、嫁娶、移徙、安床、解除、修造動土、豎柱上樑、開市、立券、交易、納財、破土、安葬、啟攢	**宜**祭祀 **忌**祈福、出行、納采、問名、嫁娶、移徙、安床、解除、修造動土、豎柱上樑、開市、立券、交易、納財、破土、安葬、啟攢
廚灶碓 房內東	倉庫廁 房內東	房床爐 房內東	占大門 外東北	碓磨栖 外東北	廚灶床 外東北
沖鼠 59歲 煞北	沖牛 58歲 煞西	沖虎 57歲 煞南	沖兔 56歲 煞東	沖龍 55歲 煞北	沖蛇 54歲 煞西

戊戌年每日宜忌

21	20	19	18	17	16
星期三	星期二	星期一	星期日	星期六	星期五
		天德 勿探病	月德 勿探病	水仙尊王 千秋	
十四	十三	十二	十一	初十	初九
丁巳	丙辰	乙卯	甲寅	癸丑	壬子
土	土	水	水	木	木
破	執	定	平	滿	除
★	宜	宜	宜	宜	宜
諸事不宜	**宜**解除 **忌**出行、修造動土、開市、立券、交易、納財、破土	**宜**祭祀、祈福、出行、納采、問名、嫁娶、移徙、解除、修造動土、豎柱上樑、開市、立券、交易、納財、破土、安葬、啟攢、入宅	**宜**出行、移徙、修造動土、豎柱上樑、開市、立券、交易、納財、破土、安葬、啟攢 **忌**祭祀、祈福、納采、問名、嫁娶、解除	**宜**祭祀 **忌**祈福、出行、納采、問名、嫁娶、移徙、安床、解除、修造動土、豎柱上樑、開市、立券、交易、納財、破土、安葬、啟攢	**宜**入宅 **忌**祈福、出行、納采、問名、嫁娶、移徙、安床、解除、修造動土、豎柱上樑、開市、立券、交易、納財、破土、安葬、啟攢
倉庫床 外正東	廚灶栖 外正東	碓磨門 外正東	占門爐 外東北	房床廁 外東北	倉庫碓 外東北
沖豬 48歲 煞東	沖狗 49歲 煞南	沖雞 50歲 煞西	沖猴 51歲 煞北	沖羊 52歲 煞東	沖馬 53歲 煞南

22	小雪	23	24	25
星期四		星期五	星期六	星期日
水官聖誕		月德合	天德合 刀砧日	刀砧日
十五	酉時 17時01分	十六	十七	十八
戊午		己未	庚申	辛酉
火		火	木	木
危		成	收	開
宜		宜	★	宜
宜 祭祀 **忌** 祈福、出行、納采、問名、嫁娶、移徙、安床、解除、修造動土、豎柱上樑、開市、立券、交易、納財	**斗指己，斯時天已積陰，寒未深而雪未大，故名小雪。** **節氣諺語：小雪小到。** 指烏魚群在小雪前後剛到台灣海峽來，數量還不多。	**宜** 祭祀、祈福、解除、修造動土、豎柱上樑、開市、立券、交易、納財、安葬 **忌** 出行、納采、問名、嫁娶、移徙	**日逢受死日，不宜諸吉事**	**宜** 祭祀 **忌** 納采、問名、嫁娶、開市、立券、交易、納財
房床碓 外正東		占門廁 外正東	碓磨爐 外東南	廚灶門 外東南
沖鼠 47歲 煞北		沖牛 46歲 煞西	沖虎 45歲 煞南	沖兔 44歲 煞東

戊戌年每日宜忌

26	27	28	29	30
星期一	星期二	星期三	星期四	星期五
		天赦日 月德	天德	周倉將軍 千秋
十九	二十	廿一	廿二	廿三
壬戌	癸亥	甲子	乙丑	丙寅
水	水	金	金	火
閉	建	除	滿	平
★	宜	宜	宜	宜
諸事不宜	**宜** 祭祀 **忌** 祈福、出行、納采、問名、嫁娶、移徙、安床、解除、修造動土、豎柱上樑、開市、立券、交易、納財、破土、安葬、啟攢	**宜** 祭祀、祈福、出行、納采、問名、嫁娶、移徙、解除、修造動土、豎柱上樑、納財、安葬	**宜** 祭祀 **忌** 出行、納采、問名、嫁娶、移徙	**宜** 出行、納采、問名、嫁娶、移徙、修造動土、豎柱上樑、開市、立券、交易、納財、破土、安葬、啟攢 **忌** 祭祀、祈福、解除
倉庫栖 外東南	占房床 外東南	占門碓 外東南	碓磨廁 外東南	廚灶爐 外正南
沖龍 43歲 煞北	沖蛇 42歲 煞西	沖馬 41歲 煞南	沖羊 40歲 煞東	沖猴 39歲 煞北

戊戌年每日宜忌

二〇一八年 國曆十二月大	1	2	3	4	5
	星期六	星期日	星期一	星期二	星期三
			月德合	紫微星君聖誕 天德合 勿探病	
農曆十一月 甲子 葭月 煞南方	廿四	廿五	廿六	廿七	廿八
	丁卯	戊辰	己巳	庚午	辛未
	火	木	木	土	土
	定	執	破	危	成
	宜	宜	宜	宜	宜
初一西風盜賊多，更兼大雪有災魔 冬至天晴無日色，來年定唱太平歌	**宜**出行、納采、問名、嫁娶、移徙、修造動土、豎柱上樑、開市、立券、交易、納財、破土、啟攢、入宅 **忌**解除	**宜**解除 **忌**出行、修造動土、開市、立券、交易、納財、破土	**宜**祭祀、解除 **忌**祈福、出行、納采、問名、嫁娶、移徙、安床、解除、修造動土、豎柱上樑、開市、立券、交易、納財、破土、安葬、啟攢	**宜**祭祀、祈福、出行、納采、問名、嫁娶、移徙、安床、解除、修造動土、豎柱上樑、破土、安葬、入宅	**宜**祭祀、祈福、納采、問名、修造動土、豎柱上樑、開市、立券、交易、納財 **忌**出行、嫁娶、移徙
每日胎神占方	倉庫門 外正南	房床栖 外正南	占門床 外正南	占碓磨 外正南	廚灶廁 外西南
每日沖煞年齡	沖雞 38歲 煞西	沖狗 37歲 煞南	沖豬 36歲 煞東	沖鼠 35歲 煞北	沖牛 34歲 煞西

戊戌年每日宜忌

10	9	8	大雪	7	6
一期星	日期星	六期星		五期星	四期星
				刀砧日	刀砧日
初四	初三	初二	午時 12時26分	十一月	廿九
丙子	乙亥	甲戌		癸酉	壬申
水	火	火		金	金
建	閉	開		收開	收
★	宜	宜		★	★
諸事不宜	**宜**祭祀、納財、入宅 **忌**祈福、出行、納采、問名、嫁娶、移徙、安床、解除、修造動土、豎柱上樑、開市、破土、安葬、啟攢	**宜**祭祀、祈福、納采、問名、解除、修造動土、豎柱上樑 **忌**出行、嫁娶、移徙、開市、立券、交易、納財	**斗指甲，斯時積陰為雪，至此粟烈而大過於小雪，故名大雪。** **節氣諺語：大雪大到。** 指烏魚群到了大雪時，便大批湧進台灣海峽。	**忌**祈福、出行、納采、問名、嫁娶、移徙、安床、解除、修造動土、豎柱上樑、開市、立券、交易、納財、破土、安葬、啟攢	**日逢受死日，不宜諸吉事**
廚灶碓 外西南	碓磨床 外西南	門碓栖 外西南		房床門 外西南	倉庫爐 外西南
沖馬 29歲 煞南	沖蛇 30歲 煞西	沖龍 31歲 煞北		沖兔 32歲 煞東	沖虎 33歲 煞南

11	12	13	14	15	16
星期二	星期三	星期四	星期五	星期六	星期日
月德合		勿探病			月德 勿探病
初五	初六	初七	初八	初九	初十
丁丑	戊寅	己卯	庚辰	辛巳	壬午
水	土	土	金	金	木
除	滿	平	定	執	破
宜	宜	★	宜	宜	宜
宜祭祀、祈福、出行、納采、問名、嫁娶、移徙、解除、修造動土、豎柱上樑、立券、交易、納財、安葬、入宅	**宜**出行、解除、修造動土、豎柱上樑、立券、交易、納財 **忌**祭祀、納采、問名、移徙	**日逢受死日，不宜諸吉事**	**宜**祭祀、祈福、納采、問名、嫁娶、修造動土、豎柱上樑、立券、交易、納財、入宅 **忌**解除	**宜**祭祀、入宅 **忌**祈福、出行、納采、問名、嫁娶、移徙、安床、解除、修造動土、豎柱上樑、開市、立券、交易、納財、破土、安葬、啟攢	**宜**祭祀 **忌**祈福、出行、納采、問名、嫁娶、移徙、安床、解除、修造動土、豎柱上樑、開市、立券、交易、納財、破土、安葬、啟攢
倉庫廁 外正西	房床爐 外正西	占大門 外正西	碓磨栖 外正西	廚灶床 外正西	倉庫碓 外西北
沖羊 28歲 煞東	沖猴 27歲 煞北	沖雞 26歲 煞西	沖狗 25歲 煞南	沖豬 24歲 煞東	沖鼠 23歲 煞北

戊戌年每日宜忌

22	21	20	19	18	17
六期星	**五期星**	**四期星**	**三期星**	**二期星**	**一期星**
	月德合		刀砧日	刀砧日	太乙救苦天尊聖誕
十六	**十五**	**十四**	**十三**	**十二**	**十一**
戊子	丁亥	丙戌	乙酉	甲申	癸未
火	土	土	水	水	木
建	閉	開	收	成	危
★	**宜**	**宜**	**宜**	**宜**	★
諸事不宜	**宜**祭祀、入宅 **忌**祈福、嫁娶、解除	**宜**祭祀、祈福、解除、修造動土、豎柱上樑 **忌**出行、嫁娶、移徙、開市、立券、交易、納財	**宜**祭祀 **忌**祈福、出行、納采、問名、嫁娶、移徙、安床、解除、修造動土、豎柱上樑、開市、立券、交易、納財、破土、安葬、啟攢	**宜**祭祀、祈福、出行、納采、問名、嫁娶、移徙、解除、豎柱上樑、開市、立券、交易、納財、安葬、入宅 **忌**安床、修造動土、破土	**忌**祈福、出行、納采、問名、嫁娶、移徙、安床、解除、修造動土、豎柱上樑、開市、立券、交易、納財、破土、安葬、啟攢
房床碓 外正北	倉庫床 外西北	廚灶栖 外西北	碓磨門 外西北	占門爐 外西北	房床廁 外西北
沖馬 17歲 煞南	沖蛇 18歲 煞西	沖龍 19歲 煞北	沖兔 20歲 煞東	沖虎 21歲 煞南	沖牛 22歲 煞西

冬至	23	24	25	26
卯時 06時23分	日期星	一期星	二期星	三期星
	阿彌陀佛佛誕			月德
	十七	十八	十九	二十
	己丑	庚寅	辛卯	壬辰
	火	木	木	水
	除	滿	平	定
	宜	宜	★	宜
時陰極之至，明陽氣始至，日行至南，北半球晝最短而夜最長。節氣諺語：冬至烏，過年酥。冬至這天如果下雨，那麼過年時就有很高的機率會放晴。	**宜** 祭祀、祈福、出行、嫁娶、解除、立券、交易、納財、安葬、入宅	**宜** 出行、嫁娶、解除、修造動土、豎柱上樑、開市、立券、交易、納財、破土、啟攢 **忌** 祭祀、納采、問名、移徙	**日逢受死日，不宜諸吉事**	**宜** 祭祀、祈福、出行、納采、問名、嫁娶、移徙、解除、修造動土、豎柱上樑、立券、交易、納財、安葬、入宅
	占門廁 外正北	碓磨爐 外正北	廚灶門 外正北	倉庫栖 外正北
	沖羊 16歲 煞東	沖猴 15歲 煞北	沖雞 14歲 煞西	沖狗 13歲 煞南

戊戌年每日宜忌

31	30	29	28	27
星期一	**星期日**	**星期六**	**星期五**	**星期四**
月德合 刀砧日	刀砧日			
廿五	**廿四**	**廿三**	**廿二**	**廿一**
丁酉	丙申	乙未	甲午	癸巳
火	火	金	金	水
收	成	危	破	執
宜	**宜**	**宜**	★	**宜**
宜 祭祀	**宜** 出行、納采、問名、嫁娶、移徙、解除、豎柱上樑、開市、立券、交易、納財、安葬、入宅 **忌** 安床、修造動土、破土	**宜** 祭祀 **忌** 祈福、出行、納采、問名、嫁娶、移徙、安床、解除、修造動土、豎柱上樑、開市、立券、交易、納財、破土、安葬、啟攢	**諸事不宜**	**宜** 祭祀、入宅 **忌** 祈福、出行、納采、問名、嫁娶、移徙、安床、解除、修造動土、豎柱上樑、開市、立券、交易、納財、破土、安葬、啟攢
倉庫門 房內北	廚灶爐 房內北	碓磨廁 房內北	占門碓 房內北	占房床 房內北
沖兔 8歲 煞東	沖虎 9歲 煞南	沖牛 10歲 煞西	沖鼠 11歲 煞北	沖豬 12歲 煞東

二〇一九年 國曆一月大	1	2	3	4	5	小寒
	二期星	三期星	四期星	五期星	六期星	
					勿探病	
農曆十二月 乙丑 臘月 煞東方	廿六	廿七	廿八	廿九	三十	子時 23時38分
	戊戌	己亥	庚子	辛丑	壬寅	
	木	木	土	土	金	
	開	閉	建	除	除滿	
	宜	★	★	宜	★	
朔日西風六畜災，綿絲五穀德成堆 最喜大寒無雨雪，太平冬盡賀春來	**宜**祭祀、祈福、解除、修造動土、豎柱上樑 **忌**出行、嫁娶、移徙、開市、立券、交易、納財	**忌**祈福、出行、納采、問名、嫁娶、移徙、安床、解除、造動土、豎柱上樑、開市、破土、安葬、啟攢	**諸事不宜**	**宜**祭祀、祈福、出行、嫁娶、解除、立券、交易、納財、安葬	**忌**祭祀、出行	斗指戊為小寒，時天氣漸寒，尚未大冷，故名小寒。 節氣諺語：小寒大冷，人馬安。 小寒時天氣應寒冷，人畜才會平安。
每日胎神占方	房床栖 房內南	占門床 房內南	占碓磨 房內南	廚灶廁 房內南	倉庫爐 房內南	
每日沖煞年齡	沖龍 7歲 煞北	沖蛇 6歲 煞西	沖馬 5歲 煞南	沖羊 4歲 煞東	沖猴 3歲 煞北	

戊戌年每日宜忌

12	11	10	9	8	7	6
六期星	五期星	四期星	三期星	二期星	一期星	日期星
刀砧日	刀砧日			天德合 月德合		
初七	初六	初五	初四	初三	初二	十二月
己酉	戊申	丁未	丙午	乙巳	甲辰	癸卯
土	土	水	水	火	火	金
成	危	破	執	定	平	滿
★	宜	★	★	宜	★	宜
日逢受死日，不宜諸吉事	**宜** 祭祀、開市、納財 **忌** 祈福、納采、問名、安床、解除、立券、交易	**諸事不宜**	**忌** 祈福、出行、納采、問名、嫁娶、移徙、安床、解除、修造動土、豎柱上樑、開市、立券、交易、納財、破土、安葬、啟攢	**宜** 祭祀、祈福、納采、問名、嫁娶、移徙、解除、修造動土、豎柱上樑、立券、交易、納財、入宅 **忌** 出行	**諸事不宜**	**宜** 祭祀 **忌** 祈福、出行、納采、問名、嫁娶、移徙、安床、解除、修造動土、豎柱上樑、開市、立券、交易、納財、破土、安葬、啟攢
占大門 外東北	房床爐 房內東	倉庫廁 房內東	廚灶碓 房內東	碓磨床 房內東	門雞棲 房內東	房床門 房內南
沖兔 56歲 煞東	沖虎 57歲 煞南	沖牛 58歲 煞西	沖鼠 59歲 煞北	沖豬 60歲 煞東	沖狗 1歲 煞南	沖雞 2歲 煞西

戊戌年每日宜忌

13	14	15	16	17	18
星期日	星期一	星期二	星期三	星期四	星期五
天德 月德				勿探病	天德合 月德合 勿探病
初八	初九	初十	十一	十二	十三
庚戌	辛亥	壬子	癸丑	甲寅	乙卯
金	金	木	木	水	水
收	開	閉	建	除	滿
宜	宜	宜	★	宜	宜
宜 祭祀	**宜** 祭祀 **忌** 祈福、出行、納采、問名、嫁娶、移徙、安床、解除、修造動土、豎柱上樑、開市、立券、交易、納財、破土、安葬、啟攢	**宜** 祭祀 **忌** 祈福、出行、納采、問名、嫁娶、移徙、安床、解除、修造動土、豎柱上樑、開市、立券、交易、納財、破土、安葬	**忌** 祈福、出行、納采、問名、嫁娶、移徙、解除、修造動土、豎柱上樑、破土、安葬、啟攢	**宜** 入宅 **忌** 祭祀、出行、納采、問名、嫁娶	**宜** 祭祀、祈福、出行、納采、問名、嫁娶、移徙、解除、豎柱上樑、開市、立券、交易、納財、安葬、啟攢 **忌** 修造動土、破土
碓磨栖 外東北	廚灶床 外東北	倉庫碓 外東北	房床廁 外東北	占門爐 外東北	碓磨門 外正東
沖龍 55歲 煞北	沖蛇 54歲 煞西	沖馬 53歲 煞南	沖羊 52歲 煞東	沖猴 51歲 煞北	沖雞 50歲 煞西

戊戌年每日宜忌

19	20	大寒	21	22
星期六	星期日		星期一	星期二
十四	十五	酉時 17時00分	十六	十七
丙辰	丁巳		戊午	己未
土	土		火	火
平	定		執	破
★	★		★	宜
諸事不宜	**忌** 祈福、出行、納采、問名、嫁娶、移徙、安床、解除、修造動土、豎柱上樑、開市、立券、交易、納財、破土、安葬、啟攢	**斗指癸為大寒，時大寒栗烈已極，故名大寒。節氣諺語：大寒不寒，春分不暖。**大寒若天氣溫暖，表氣候不順，隔年春分仍會寒冷。	**忌** 祈福、出行、納采、問名、嫁娶、移徙、安床、解除、修造動土、豎柱上樑、開市、立券、交易、納財、破土、安葬、啟攢	**宜** 祭祀 **忌** 祈福、出行、納采、問名、嫁娶、移徙、安床、修造動土、豎柱上樑、開市、立券、交易、納財、破土、安葬、啟攢
廚灶栖 外正東	倉庫床 外正東		房床碓 外正東	占門廁 外正東
沖狗 49歲 煞南	沖豬 48歲 煞東		沖鼠 47歲 煞北	沖牛 46歲 煞西

戊戌年每日宜忌

23	24	25	26	27
星期三	**星期四**	**星期五**	**星期六**	**星期日**
天德 月德 刀砧日	刀砧日			天赦日
十八	**十九**	**二十**	**廿一**	**廿二**
庚申	辛酉	壬戌	癸亥	甲子
木	木	水	水	金
危	成	收	開	閉
宜	★	**宜**	★	**宜**
宜 祭祀、出行、移徙、修造動土、豎柱上樑、開市、立券、交易、納財、破土、安葬、入宅 **忌** 祈福、納采、問名、嫁娶、安床、解除	**日逢受死日，不宜諸吉事**	**宜** 祭祀 **忌** 祈福、出行、納采、問名、嫁娶、移徙、安床、解除、修造動土、豎柱上樑、開市、立券、交易、納財、破土、安葬、啟攢	**諸事不宜**	**宜** 祭祀、安葬
碓磨爐 外東南	廚灶門 外東南	倉庫栖 外東南	占房床 外東南	占門碓 外東南
沖虎 45歲 煞南	沖兔 44歲 煞東	沖龍 43歲 煞北	沖蛇 42歲 煞西	沖馬 41歲 煞南

戊戌年每日宜忌

31	30	29	28
四期星	**三期星**	**二期星**	**一期星**
	天神下降日	月德 送神日	天德合 月德合
廿六	**廿五**	**廿四**	**廿三**
戊辰	丁卯	丙寅	乙丑
木	火	火	金
平	滿	除	建
★	**宜**	**宜**	**宜**
諸事不宜	**宜** 祭祀 **忌** 祈福、出行、納采、問名、嫁娶、移徙、安床、解除、修造動土、豎柱上樑、開市、立券、交易、納財、破土、安葬、啟攢	**宜** 入宅 **忌** 祭祀、出行	**宜** 祭祀、祈福、納采、問名、解除、豎柱上樑、納財、安葬 **忌** 出行、嫁娶、移徙、修造動土、破土
房床栖 外正南	倉庫門 外正南	廚灶爐 外正南	碓磨廁 外東南
沖狗 37歲 煞南	沖雞 38歲 煞西	沖猴 39歲 煞北	沖羊 40歲 煞東

二〇一九年 國曆二月小	1	2	3	4
	星期五	星期六	星期日	星期一
		天德 月德 勿探病		天德合
農曆一月 丙寅 端月 煞北方	廿七	廿八	廿九	三十
	己巳	庚午	辛未	壬申
	木	土	土	金
	定	執	破	破危
	宜	宜	宜	宜
立春最喜晴一日，元旦景雲光齊天 雨水連綿是豐年，農夫不用力耕田	**宜** 納采、問名、修造動土、豎柱上樑、立券、交易、納財、入宅 **忌** 出行、嫁娶、解除、破土、安葬、啟攢	**宜** 祭祀、祈福、出行、納采、問名、嫁娶、移徙、解除、修造動土、豎柱上樑、破土、安葬	**宜** 祭祀、解除 **忌** 祈福、出行、納采、問名、嫁娶、移徙、安床、修造動土、豎柱上樑、開市、立券、交易、納財、破土、安葬、啟攢	**宜** 祭祀、解除 **忌** 祈福、出行、納采、問名、嫁娶、移徙、安床、修造動土、豎柱上樑、開市、立券、交易、納財、破土、安葬、啟攢
每日胎神占方	占門床 外正南	占碓磨 外正南	廚灶廁 外西南	倉庫爐 外西南
每日沖煞年齡	沖豬 36歲 煞東	沖鼠 35歲 煞北	沖牛 34歲 煞西	沖虎 33歲 煞南

戊戌年每日宜忌

立春

午時 11時14分

斗指東北維為立春，時春氣始至，四時之卒始，故名立春也。

節氣諺語：立春打雷，十處豬欄九處空。

立春這天如果打雷，會六畜不安。相反的，雷不打春，今年一定好年冬。

5	6	7	8
二期星	**三期星**	**四期星**	**五期星**
春節		刀砧日	孫真人聖誕 月德 刀砧日
正月	**初二**	**初三**	**初四**
癸酉	甲戌	乙亥	丙子
金	火	火	水
危	成	收	開
宜	★	**宜**	**宜**
宜 祭祀、破土、安葬、入宅 **忌** 祈福、出行、納采、問名、嫁娶、移徙、安床、解除、修造動土、豎柱上樑、開市、立券、交易、納財	**日逢受死日，不宜諸吉事**	**宜** 祭祀、祈福、出行、納采、問名、移徙、修造動土、豎柱上樑、開市、立券、交易、納財、入宅 **忌** 嫁娶	**宜** 祭祀、祈福、出行、納采、問名、嫁娶、移徙、解除、修造動土、豎柱上樑、開市、納財
房床門 外西南	門碓栖 外西南	碓磨床 外西南	廚灶碓 外西南
沖兔 33歲 煞東	沖龍 32歲 煞北	沖蛇 31歲 煞西	沖馬 30歲 煞南

戊戌年每日宜忌

9	10	11	12	13	14	15
六期星	日期星	一期星	二期星	三期星	四期星	五期星
天德	清水祖師聖誕 天赦日	勿探病		玉皇大帝聖誕 月德合	天德合 勿探病	
初五	初六	初七	初八	初九	初十	十一
丁丑	戊寅	己卯	庚辰	辛巳	壬午	癸未
水	土	土	金	金	木	木
閉	建	除	滿	平	定	執
宜	宜	宜	宜	宜	宜	★
宜祭祀 **忌**祈福、出行、納采、問名、嫁娶、移徙、安床、解除、修造動土、豎柱上樑、開市、立券、交易、納財、破土、安葬、啟攢	**宜**納采、問名、解除、豎柱上樑、立券、交易、納財、安葬 **忌**祭祀、出行、嫁娶、移徙、修造動土、破土	**宜**出行、嫁娶、解除、立券、交易、入宅	**宜**祭祀、祈福 **忌**納采、問名、嫁娶、開市、立券、交易、納財	**宜**祭祀 **忌**祈福、出行、解除	**宜**祭祀、祈福、出行、納采、問名、嫁娶、移徙、解除、修造動土、豎柱上樑、開市、立券、交易、納財、破土、安葬、入宅	**忌**開市、立券、交易、納財
倉庫廁 外正西	房床爐 外正西	占大門 外正西	碓磨栖 外正西	廚灶床 外正西	倉庫碓 外西北	房床廁 外西北
沖羊 29歲 煞東	沖猴 28歲 煞北	沖雞 27歲 煞西	沖狗 26歲 煞南	沖豬 25歲 煞東	沖鼠 24歲 煞北	沖牛 23歲 煞西

戊戌年每日宜忌

雨水	16	17	18	19
	星期六	星期日	星期一	星期二
		關聖帝君飛昇日	月德	天官聖誕 天德 刀砧日 元宵節
辰時 07時04分	十二	十三	十四	十五
	甲申	乙酉	丙戌	丁亥
	水	水	土	土
	破	危	成	收
	宜	宜	★	宜
斗指壬為雨水，時東風解凍，冰雪皆散而為水，化而為雨，故名雨水。節氣諺語：雨水，海水卡冷鬼。雨水時節雖已入春，但溫度仍低，海水摸起來還是非常冷冽。	**宜**祭祀、解除 **忌**祈福、出行、納采、問名、嫁娶、移徙、安床、修造動土、豎柱上樑、開市、立券、交易、納財、破土、安葬、啟攢	**宜**祭祀、破土、安葬、入宅 **忌**祈福、出行、納采、問名、嫁娶、移徙、安床、解除、修造動土、豎柱上樑、開市、立券、交易、納財	**日逢受死日，不宜諸吉事**	**宜**祭祀、祈福、出行、納采、問名、移徙、解除、修造動土、豎柱上樑、開市、立券、交易、納財 **忌**嫁娶
	占門爐 外西北	碓磨門 外西北	廚灶栖 外西北	倉庫床 外西北
	沖虎 22歲 煞南	沖兔 21歲 煞東	沖龍 20歲 煞北	沖蛇 19歲 煞西

戊戌年每日宜忌

20	21	22	23	24	25
星期三	星期四	星期五	星期六	星期日	星期一
刀砧日			月德合	天德合	
十六	十七	十八	十九	二十	廿一
戊子	己丑	庚寅	辛卯	壬辰	癸巳
火	火	木	木	水	水
開	閉	建	除	滿	平
宜	★	宜	宜	宜	★
宜祭祀 **忌**納采、問名、嫁娶、破土、安葬、啟攢	**諸事不宜**	**宜**立券、交易、納財 **忌**祭祀、祈福、出行、納采、問名、嫁娶、移徙、解除、修造動土、豎柱上樑、破土、安葬、啟攢	**宜**祭祀、祈福、出行、納采、問名、嫁娶、移徙、解除、修造動土、豎柱上樑、立券、交易、破土、安葬、啟攢、入宅	**宜**祭祀、祈福、出行、納采、問名、嫁娶、移徙、解除、修造動土、豎柱上樑、開市、立券、交易、納財、安葬	**忌**祈福、出行、納采、問名、嫁娶、移徙、安床、解除、修造動土、豎柱上樑、開市、立券、交易、納財、破土、安葬、啟攢
房床碓 外正北	占門廁 外正北	碓磨爐 外正北	廚灶門 外正北	倉庫栖 外正北	占房床 房內北
沖馬18歲煞南	沖羊17歲煞東	沖猴16歲煞北	沖雞15歲煞西	沖狗14歲煞南	沖豬13歲煞東

戊戌年每日宜忌

26	27	28
二期星	三期星	四期星
		月德
廿二	廿三	廿四
甲午	乙未	丙申
金	金	火
定	執	破
宜	★	宜
宜祭祀、祈福、出行、納采、問名、嫁娶、移徙、修造動土、豎柱上樑、開市、立券、交易、納財、入宅 **忌**解除、破土、安葬、啟攢	**忌**出行、納采、問名、嫁娶、移徙、解除、修造動土、豎柱上樑、開市、立券、交易、納財、破土、安葬、啟攢	**宜**祭祀、解除 **忌**祈福、出行、納采、問名、嫁娶、移徙、安床、修造動土、豎柱上樑、開市、立券、交易、納財、破土、安葬、啟攢
占門碓 房內北	碓磨廁 房內北	廚灶爐 房內北
沖鼠 12歲 煞北	沖牛 11歲 煞西	沖虎 10歲 煞南

擇日與擇時

如何擇日與擇時

目前農民曆比較常被使用的功能就是「擇日」。雖然家家戶戶都有農民曆，上面「宜」、「忌」也標明得很清楚，不過大部分的人面對重要的事項，例如：結婚、安葬、安床等，仍都會慎重地請懂得命理的老師來選擇。

原因就在於除了少數的幾個「諸事皆宜」的日子之外，大部分的好日子，也不是每一件事情都可以做，甚至是在「諸事皆宜」的日子當中，也不是每個時辰都是好時辰，因此如何趨吉避凶，就著實令人煞費苦心。

不過除了牽涉廣泛的人生大事，像是嫁娶、安葬、生產等需要專業老師來擇日，其他像是日常的搬家、入宅、安床等，只要掌握一些訣竅，就能透過農民曆自己挑選好日子與好時辰。

擇日

首先要看「每日沖煞」的生肖與年齡，有沖犯到相關人員的日子都不能選擇。再來看的是每日的宜忌與用事批註。有一些日子是「凡事不取」、「諸吉事不宜」，這在用事批註的欄位上面，都會清楚標示，在擇日的時候先避開。

接下來針對要進行的事項來挑選，在用事批註這一欄裡頭，會標註每天可以進行的事項，這個部分可以參照前面的名詞解釋，找到自己要做的事項，再回來挑選適合從事這些事項的日子。

有時在擇日的時候也會參照「十二值位」。十二值位代表十二個吉凶神，每日的值神不同，宜忌也不同，十二值位中，最常用到的像是取下制煞物品時，就會挑選「除日」，此外如果是「破日」、「危日」，通常代表諸事不宜。

擇時

選好適合的日子之後，接下來要挑選適合的時間。民間認為每一個時辰都有吉凶神在輪值，因此就算是好日子，也不一定每個時辰都適合，最好能選擇吉神輪值的時間來進行。

每個時辰的吉凶神，主要是根據不同的干支來循環。讀者可以先找出這一天的干支為何，再來對照每日時局表，就可以看到該日的每個時辰吉凶神輪值的情形，再挑選吉神輪值的時辰即可。

吉神

金匱、大進、羅紋、交貴、六合、喜神、日祿、天赦、玉堂、少微、三合、進貴、貴人、右弼、天官、明堂、國印、長生、福星、天德、青龍、功曹、寶光、生旺、武曲、唐符、進祿、太陽、帝旺、福德、祿貴、交馳、貪狼、左輔、傳送、合格、鳳輦、太陰、金星、紫微、黃道、明輔、水星、司命、天地、會合、天賦、合局、逢印、臨官、財局、六甲、趨乾、合貴、同類、相資、六壬、趨艮、六申、元祿、馬元、地福、扶元、幹合、右彈、六進、進馬

凶神

日建、天兵、天牢、六戊、元武、大退、日沖、大凶、不遇、勾陳、天賊、路空、天刑、旬空、朱雀、白虎、地兵、日破、比肩、狗食、玄武、日刑、日馬、勿用、雷兵、建刑、日煞、五鬼、天武、天退、日武、日害、進虛、胞胎

戊戌年每日時局表

巳	辰	卯	寅	丑	子	時／日
進貴 元武 大退	三合 天牢 六戊	天赦 玉堂 少微	喜神 日祿 天兵	羅紋 交貴 六合	金匱 大進 日建	甲子
三合 玉堂 不遇	進貴 白虎 地兵	大進 天德 日祿	進貴 金匱 六戊	福星 天赦 朱雀	六合 貴人 天兵	乙丑
日祿 寶光 路空	金匱 不遇 路空	進貴 功曹 朱雀	長生 天刑 地兵	明堂 右弼 狗食	天官 青龍 六戊	丙寅
進祿 朱雀 日馬	不遇 天刑 武曲	明堂 進貴 路空	青龍 大退 路空	唐符 武曲 勾陳	司命 日刑 地兵	丁卯
明堂 天赦 日祿	喜神 青龍 天兵	天官 太陽 勾陳	長生 司命 不遇	貴人 元武 路空	三合 大進 路空	戊辰
帝旺 勾陳 大退	司命 雷兵 六戊	天赦 天兵 元武	喜神 天官 天兵	三合 玉堂 不遇	大進 貴人 白虎	己巳
長生 進貴 元武	武曲 天牢 地兵	玉堂 大進 天賊	三合 生旺 六戊	祿貴 交馳 天德	日沖 大凶 不遇	庚午
福星 玉堂 路空	唐符 白虎 路空	三合 寶光 天德	羅紋 交貴 地兵	日破 大凶 朱雀	長生 進貴 六戊	辛未
羅紋 交貴 天德	三合 金匱 福星	貴人 朱雀 路空	日沖 大凶 路空	天官 明堂 左輔	三合 青龍 地兵	壬申
三合 羅紋 交貴	六合 喜神 天兵	日沖 大凶 勿用	青龍 功曹 天賊	三合 勾陳 路空	日祿 大進 路空	癸酉
明堂 傳送 大退	日破 大凶 六戊	六合 天赦 帝旺	喜神 日祿 天兵	貴人 日刑 元武	大進 福德 天牢	甲戌
日沖 大凶 勾陳	司命 功曹 地兵	三合 大進 日祿	六合 天牢 六戊	玉堂 福星 天赦	喜神 貴人 天兵	乙亥
日祿 進祿 路空	三合 不遇 路空	玉堂 少微 日刑	長生 日馬 地兵	六合 寶光 進貴	福星 金匱 六戊	丙子
三合 玉堂 帝旺	進貴 日煞 白虎	天德 寶光 路空	金匱 大退 路空	唐符 朱雀 日建	六合 進貴 地兵	丁丑
日祿 天赦 寶光	喜神 金匱 天兵	天官 貪狼 朱雀	長生 進祿 天刑	明堂 貴人 路空	大進 青龍 路空	戊寅

戊戌年每日時局表

亥	戌	酉	申	未	午	時／日
長生 進貴 朱雀	國印 天刑 旬空	天官 明堂 路空	三合 天賊 路空	貴人 右弼 勾陳	日沖 大凶 不遇	甲子
福星 明堂 天赦	喜神 青龍 天兵	三合 比肩 勾陳	羅紋 交貴 大退	日破 大凶 路空	長生 天牢 路空	乙丑
六合 貴人 勾陳	三合 司命 六戊	天赦 貴人 玄武	日沖 大凶 天牢	玉堂 少微 武曲	三合 生旺 大進	丙寅
三合 貴人 元武	六合 天牢 地兵	日沖 大凶 勿用	功曹 白虎 六戊	三合 寶光 天赦	喜神 日祿 天兵	丁卯
玉堂 路空 旬空	日破 大凶 路空	六合 寶光 天德	三合 金匱 地兵	右弼 貴人 朱雀	雷兵 天刑 六戊	戊辰
日沖 大凶 不遇	金匱 福德 旬空	三合 長生 路空	羅紋 交貴 路空	明堂 福星 武曲	青龍 日祿 地兵	己巳
天赦 進祿 朱雀	三合 天兵 喜神	明堂 帝旺 貪狼	青龍 日祿 日馬	六合 貴人 路空	司命 福星 路空	庚午
三合 明堂 旬空	青龍 六戊 雷兵	天赦 日祿 不遇	喜神 司命 天兵	右弼 日建 元武	六合 大進 貴人	辛未
日祿 少微 勾陳	司命 進祿 地兵	大進 進貴 元武	長生 雷兵 六戊	玉堂 天赦 少微	喜神 白虎 天兵	壬申
帝旺 元武 路空	天官 天牢 路空	玉堂 進祿 建刑	狗食 白虎 地兵	天德 寶光 不遇	金匱 雷兵 六戊	癸酉
長生 玉堂 功曹	武曲 白虎 日建	天官 寶光 路空	金匱 天賊 路空	貴人 日刑 朱雀	三合 不遇 地兵	甲戌
福星 天赦 寶光	喜神 金匱 天兵	太陽 朱雀 比肩	貴人 大退 天賊	三合 明堂 路空	長生 青龍 路空	乙亥
羅紋 交貴 朱雀	福星 天刑 六戊	明堂 貴人 天赦	三合 青龍 喜神	進貴 勾陳 日煞	日沖 大凶 勿用	丙子
明堂 天官 貴人	青龍 進貴 地兵	三合 大進 福星	司命 進貴 六戊	日破 大凶 元武	喜神 日祿 天兵	丁丑
天地 會合 路空	三合 司命 路空	進虛 天賦 元武	日沖 貴人 天牢	玉堂 貴人 少微	三合 帝旺 六戊	戊寅

戊戌年每日時局表

巳	辰	卯	寅	丑	子	時／日
日馬 朱雀 大退	雷兵 天刑 六戊	天赦 明堂 日建	喜神 青龍 天兵	武曲 勾陳 不遇	大進 貴人 司命	己卯
長生 明堂 功曹	青龍 日建 地兵	大進 胞胎 逢印	司命 日馬 六戊	天赦 貴人 元武	三合 喜神 天兵	庚辰
進貴 福星 路空	司命 進貴 路空	貪狼 天賊 元武	貴人 天牢 地兵	三合 玉堂 少微	長生 白虎 六戊	辛巳
貴人 長生 元武	福星 武曲 天牢	玉堂 貴人 路空	三合 臨官 路空	進貴 寶光 日煞	日沖 大凶 地兵	壬午
玉堂 貴人 大退	天官 喜神 天兵	三合 寶光 貴人	金匱 福星 進貴	日破 大凶 路空	大進 日祿 路空	癸未
天地 合格 寶光	三合 財局 六戊	天赦 帝旺 傳送	日沖 大凶 朱雀	羅紋 交貴 明堂	大進 青龍 路空	甲申
三合 朱雀 不遇	天地 會合 地兵	日沖 大凶 五鬼	青龍 雷兵 六戊	三合 進貴 福星	羅紋 交貴 天兵	乙酉
明堂 日祿 路空	日破 大凶 路空	天地 合局 勾陳	三合 司命 地兵	太陰 元武 日刑	天官 福星 六戊	丙戌
日沖 大凶 勾陳	司命 功曹 右弼	三合 元武 路空	天地 會合 路空	玉堂 唐符 少微	貪狼 白虎 地兵	丁亥
天赦 日祿 元武	三合 喜神 天兵	玉堂 天官 進貴	長生 日馬 六戊	六合 貴人 路空	大進 金匱 路空	戊子
三合 玉堂 帝旺	進貴 白虎 六戊	天赦 寶光 天德	喜神 金匱 天兵	唐符 不遇 朱雀	大進 羅紋 合貴	己丑
長生 寶光 進貴	金匱 福德 地兵	大進 胞胎 逢印	長生 雷兵 六戊	天赦 貴人 明堂	喜神 青龍 天兵	庚寅
福星 朱雀 路空	進貴 天刑 路空	明堂 同類 相資	青龍 貴人 地兵	武曲 勾陳 太陰	司命 雷兵 六戊	辛卯
明堂 貴人 天賊	福星 青龍 建刑	福星 貴人 路空	司命 臨官 路空	天官 水星 元武	三合 天牢 地兵	壬辰
天赦 貴人 大退	司命 喜神 天兵	長生 福星 貴人	天賊 天牢 日刑	三合 玉堂 路空	大進 日祿 路空	癸巳

戊戌年每日時局表

亥	戌	酉	申	未	午	時／日
三合 進祿 不遇	天地 合局 天牢	日沖 大凶 路空	羅紋 交貴 路空	三合 寶光 福星	金匱 日祿 地兵	己卯
天赦 玉堂 傳送	日破 大凶 白虎	天地 會合 寶光	三合 日祿 金匱	貴人 朱雀 路空	福星 天官 路空	庚辰
日沖 大凶 勿用	金匱 雷兵 六戊	三合 日祿 天赦	六合 喜神 天兵	明堂 武曲 明輔	大進 貴人 青龍	辛巳
祿貴 交馳 朱雀	三合 天刑 地兵	大進 明堂 進祿	青龍 日馬 六戊	天地 會合 天赦	喜神 司命 天兵	壬午
三合 明堂 路空	天官 青龍 路空	五鬼 勾陳 旬空	司命 進貴 地兵	唐符 不遇 元武	六合 進貴 六戊	癸未
六甲 趨乾 進貴	司命 鳳輦 國印	天官 元武 路空	長生 天賊 路空	玉堂 貴人 狗食	進祿 不遇 地兵	甲申
福星 天赦 元武	喜神 進貴 天兵	玉堂 少微 建刑	天官 貴人 白虎	天德 寶光 路空	金匱 長生 路空	乙酉
玉堂 貴人 大退	福星 武曲 六戊	寶光 貴人 天赦	喜神 金匱 天兵	少微 朱雀 日刑	三合 大進 帝旺	丙戌
天官 寶光 貴人	金匱 福德 地兵	大進 貴人 福星	雷兵 天刑 六戊	三合 天赦 明堂	祿貴 交馳 天兵	丁亥
少微 朱雀 路空	右弼 天刑 路空	明堂 貪狼 天賊	三合 青龍 地兵	羅紋 交貴 勾陳	日沖 大凶 六戊	戊子
明堂 日馬 不遇	青龍 進貴 日刑	三合 長生 路空	司命 貴人 路空	日破 大凶 旬空	祿貴 交馳 地兵	己丑
六合 天赦 勾陳	喜神 司命 天兵	金星 帝旺 天武	日沖 大凶 天牢	玉堂 貴人 路空	三合 福星 路空	庚寅
三合 元武 大退	六合 天牢 六戊	日沖 大凶 不遇	喜神 白虎 天兵	三合 財局 寶光	大進 貴人 金匱	辛卯
玉堂 日祿 少微	日破 大凶 白虎	六合 大進 寶光	三合 長生 六戊	天官 天赦 朱雀	唐符 喜神 天兵	壬辰
日沖 大凶 路空	天官 金匱 路空	三合 朱雀 五鬼	六合 長生 地兵	明堂 唐符 不遇	青龍 進祿 六戊	癸巳

戊戌年每日時局表

巳	辰	卯	寅	丑	子	時／日
進祿 大退 狗食	雷兵 天牢 六戊	玉堂 天赦 帝旺	喜神 司命 天兵	天德 寶光 貴人	日沖 大凶 勿用	甲午
日馬 玉堂 不遇	進貴 白虎 地兵	三合 大進 日祿	金匱 進貴 六戊	日破 大凶 朱雀	喜神 貴人 天兵	乙未
寶光 日祿 路空	三合 金匱 路空	紫微 貪狼 朱雀	日沖 大凶 天刑	明堂 進貴 右弼	福星 青龍 六戊	丙申
三合 生旺 朱雀	六合 武曲 天刑	日沖 大凶 路空	青龍 大退 路空	三合 進祿 勾陳	司命 鳳輩 地兵	丁酉
明堂 日祿 天赦	日破 大凶 旬空	天官 六合 勾陳	三合 司命 不遇	貴人 元武 路空	大進 天牢 路空	戊戌
日沖 大凶 旬空	司命 雷兵 六戊	三合 進貴 天赦	喜神 進貴 天兵	玉堂 少微 不遇	大進 貴人 白虎	己亥
長生 太陰 元武	三合 天牢 地兵	大進 玉堂 進貴	日馬 白虎 六戊	天赦 貴人 寶光	金匱 天兵 喜神	庚子
三合 福星 路空	唐符 路空 白虎	天德 寶光 比肩	羅紋 交貴 地兵	太陰 日建 朱雀	長生 進貴 六戊	辛丑
天德 寶光 貴人	金匱 福星 進祿	貴人 朱雀 路空	六壬 趨艮 路空	明堂 天官 進貴	青龍 貪狼 地兵	壬寅
天赦 貴人 大退	喜神 武曲 天兵	祿貴 交馳 明堂	青龍 左輔 狗食	進貴 勾陳 路空	大進 進祿 路空	癸卯
明堂 五鬼 大退	青龍 雷兵 六戊	天赦 帝旺 勾陳	福星 日祿 天兵	貴人 太陰 元武	三合 大進 天牢	甲辰
少微 左輔 勾陳	司命 狗食 地兵	元祿 大進 日武	進祿 雷兵 六戊	三合 天赦 玉堂	祿貴 交馳 天兵	乙巳
日祿 金星 路空	武曲 不遇 路空	玉堂 進貴 少微	三合 長生 地兵	寶光 天德 進祿	日沖 大凶 六戊	丙午
日馬 帝旺 玉堂	進貴 不遇 白虎	三合 寶光 路空	金匱 臨官 路空	日破 大凶 朱雀	進貴 天刑 地兵	丁未
六合 日祿 寶光	喜神 金匱 天兵	天官 進貴 朱雀	日沖 大凶 天刑	明堂 貴人 路空	大進 青龍 路空	戊申

戊戌年每日時局表

亥	戌	酉	申	未	午	時／日
長生 左輔 朱雀	三合 右弼 天刑	天官 明堂 路空	青龍 日馬 路空	羅紋 交貴 勾陳	司命 不遇 地兵	甲午
三合 明堂 福星	喜神 青龍 天兵	太陽 比肩 勾陳	羅紋 交貴 司命	右弼 元武 路空	六合 長生 路空	乙未
羅紋 交貴 天退	司命 福星 六戊	天赦 貴人 元武	喜神 天兵 天牢	玉堂 進貴 狗食	大進 武曲 白虎	丙申
天官 貴人 元武	右弼 天牢 地兵	大進 玉堂 福星	雷兵 白虎 六戊	天赦 進貴 寶光	喜神 祿貴 天兵	丁酉
玉堂 少微 路空	武曲 白虎 路空	天德 寶光 天賊	金匱 福星 地兵	貴人 右弼 朱雀	三合 帝旺 六戊	戊戌
天德 寶光 建刑	金匱 福德 狗食	長生 朱雀 路空	祿貴 交馳 路空	三合 明堂 福星	青龍 日祿 地兵	己亥
天赦 左輔 朱雀	喜神 不遇 天兵	明堂 帝旺 進貴	三合 日祿 青龍	貴人 進祿 路空	日沖 大囚 路空	庚子
明堂 日馬 大退	青龍 六戊 雷兵	三合 天赦 日祿	喜神 司命 天兵	日破 大囚 玄武	羅紋 交貴 大進	辛丑
祿貴 交馳 六合	三合 司命 地兵	大進 傳送 天武	日沖 大囚 勿用	玉堂 天官 天赦	喜神 三合 天兵	壬寅
三合 生旺 路空	六合 進貴 路空	日沖 大囚 五鬼	國印 白虎 地兵	三合 寶光 天德	金匱 雷兵 六戊	癸卯
六申 趨乾 玉堂	日破 大囚 白虎	六合 寶光 路空	三合 金匱 路空	天官 貴人 朱雀	貪狼 天刑 地兵	甲辰
日沖 大囚 勿用	喜神 金匱 天兵	三合 太陽 朱雀	六合 貴人 天賊	明堂 進貴 路空	青龍 長生 路空	乙巳
祿貴 交馳 朱雀	三合 福星 六戊	明堂 貴人 天赦	喜神 青龍 天兵	六合 長生 勾陳	大進 司命 帝旺	丙午
三合 明堂 貴人	青龍 進貴 地兵	大進 貴人 福星	司命 進貴 六戊	同類 相資 元武	喜神 日祿 天兵	丁未
少微 勾陳 路空	司命 鳳輦 路空	功曹 元武 五鬼	福星 進祿 地兵	羅紋 交貴 玉堂	帝旺 白虎 六戊	戊申

時／日	子	丑	寅	卯	辰	巳
己酉	大進 貴人 司命	三合 唐符 不遇	喜神 青龍 天兵	日破 大凶 旬空	六合 雷兵 六戊	三合 生旺 朱雀
庚戌	喜神 天牢 天兵	天赦 貴人 元武	三合 司命 六戊	六合 大進 勾陳	日破 大凶 地兵	長生 明堂 傳送
辛亥	長生 白虎 六戊	玉堂 少微 五鬼	六合 貴人 天兵	三合 元武 天賊	司命 進祿 路空	日破 大凶 路空
壬子	金匱 福德 地福	六合 天德 寶光	趨艮 白虎 路空	祿貴 交馳 路空	三合 福星 武曲	羅紋 交貴 天賊
癸丑	大進 日祿 路空	同類 相資 路空	金匱 進貴 天賊	福星 貴人 寶光	喜神 白虎 天兵	三合 貴人 玉堂
甲寅	大進 青龍 進祿	明堂 貴人 右弼	喜神 日祿 天兵	天赦 帝旺 朱雀	金匱 雷兵 六戊	寶光 大退 日刑
乙卯	司命 貴人 天兵	天赦 福星 勾陳	青龍 雷兵 六戊	大進 日祿 明堂	武曲 天刑 地兵	日馬 少微 朱雀
丙辰	三合 福星 六戊	國印 元武 旬空	長生 司命 地兵	幹合 勾陳 日害	青龍 建刑 路空	明堂 日祿 路空
丁巳	貪狼 白虎 地兵	三合 玉堂 少微	進貴 大退 路空	進貴 元武 路空	司命 傳送 右弼	帝旺 左輔 勾陳
戊午	日破 大凶 路空	寶光 貴人 路空	三合 生旺 白虎	玉堂 天官 少微	喜神 武曲 天兵	日祿 天赦 元武
己未	大進 羅紋 交貴	日破 大凶 朱雀	喜神 金匱 天兵	三合 寶光 天赦	進貴 白虎 六戊	帝旺 玉堂 大退
庚申	三合 青龍 天兵	明堂 貴人 天赦	日破 大凶 六戊	大進 進貴 天賊	三合 金匱 地兵	六合 長生 寶光
辛酉	司命 長生 六戊	三合 武曲 勾陳	青龍 貴人 地兵	日沖 大凶 勿用	六合 天刑 路空	三合 福星 路空
壬戌	帝旺 天牢 地兵	天官 水星 元武	三合 司命 路空	六合 貴人 路空	日破 大凶 勿用	明堂 貴人 天賊
癸亥	大進 日祿 路空	玉堂 少微 路空	六合 臨官 天牢	三合 長生 貴人	喜神 司命 天兵	日破 大凶 勾陳

戊戌年每日時局表

亥	戌	酉	申	未	午	時／日
馬元 不遇 元武	右弼 太陰 天牢	長生 玉堂 路空	貴人 路空 白虎	福星 寶光 進祿	金匱 日祿 地兵	己酉
玉堂 天赦 少微	喜神 白虎 天兵	天德 寶光 帝旺	金匱 日祿 馬元	貴人 朱雀 路空	福星 天官 路空	庚戌
天德 寶光 大退	金匱 雷兵 六戊	天赦 日祿 進貴	喜神 明堂 天兵	三合 明堂 武曲	大進 貴人 青龍	辛亥
日祿 少微 朱雀	右弼 天刑 地兵	大進 進貴 明堂	三合 青龍 六戊	天赦 天官 勾陳	日破 大凶 天兵	壬子
明堂 日馬 路空	青龍 日刑 路空	三合 扶元 勾陳	司命 進貴 天兵	日破 大凶 玄武	進貴 天牢 六戊	癸丑
六合 長生 勾陳	三合 司命 進祿	天官 唐符 路空	日破 大凶 路空	羅紋 交貴 玉堂	三合 白虎 地兵	甲寅
天赦 三合 福星	喜神 六合 天兵	日沖 大凶 勿用	貴人 白虎 大退	三合 寶光 路空	長生 金匱 路空	乙卯
玉堂 貴人 大退	日破 大凶 六戊	天赦 貴人 寶光	喜神 金匱 天兵	少微 右彈 朱雀	大進 帝旺 天刑	丙辰
日破 大凶 五鬼	金匱 福德 地兵	三合 大進 貴人	六合 進祿 六戊	天赦 明堂 武曲	喜神 日祿 天兵	丁巳
少微 朱雀 路空	三合 財局 路空	明堂 貪狼 進貴	青龍 福星 地兵	祿貴 交馳 勾陳	司命 帝旺 六戊	戊午
三合 明堂 不遇	青龍 進貴 日刑	長生 勾陳 路空	司命 貴人 路空	福星 右弼 元武	祿貴 交馳 地兵	己未
天赦 水星 勾陳	喜神 司命 天兵	帝旺 進貴 元武	日祿 太陽 天牢	玉堂 貴人 路空	福星 天官 路空	庚申
日馬 元武 大退	雷兵 天牢 六戊	祿貴 交馳 天赦	喜神 進貴 天兵	天德 寶光 黃道	大進 貴人 金匱	辛酉
玉堂 日祿 少微	武曲 白虎 地兵	六進 天德 寶光	金匱 日馬 六戊	天官 天赦 朱雀	喜神 三合 天兵	壬戌
寶光 帝旺 路空	金匱 進祿 路空	進馬 朱雀 五鬼	國印 天刑 地兵	三合 明堂 不遇	青龍 雷兵 六戊	癸亥

財喜貴方

如何運用財喜貴方

吉祥方位與煞方，也就是一般說的財喜貴方與煞方。傳統上認為，每個方位每天都有不同的吉凶神輪值。一般來說吉神方位有**財神**、**喜門**、**貴門**、**文昌**、**正財**與**偏財**，而凶神則有**煞方**。

以二〇一八年國曆一月一日這天來說，這天的**財神**在**正南**，**正財**在**正東**。這兩個方位關係到正財的部分，也就是平常正規收入的部分。所以如果今天正好是關係到加薪，或是談生意的日子，那出門後就可選擇往**正南**或**正東**的方位走路或開車三到五分鐘，就可以承接到財神的財氣。

偏財方關係的是偏財的進帳，像是賺外快或者是買彩券的人，出門時可以先往今天的偏財方走，便大大的增加中獎的機率。

喜門是喜事的方位，想要求婚、提親或者是告白，甚至是第一次約會的人，出門前可以先往喜門的方位走，可以增加成功的機率。

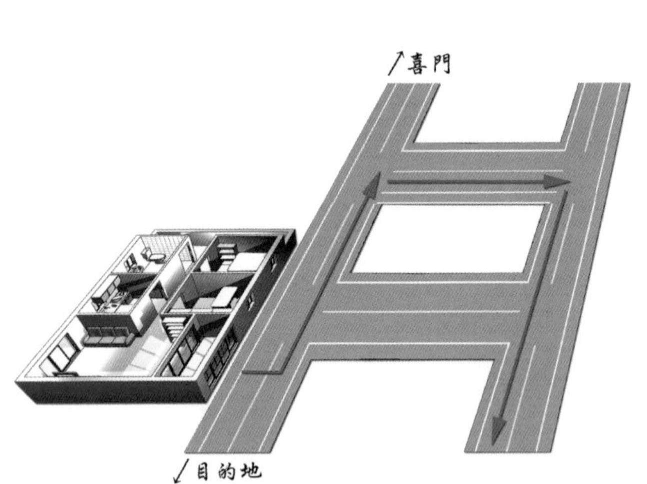

有特定目的時，先往有利之方位移動三到五分鐘，再前往目的地。例如想要告白者，出門後可以先往喜門方向移動，再前往約會場所。

貴門是貴人的方位，希望貴人運強一點的，則可以往貴門的方向走，就可以招來更強的貴人運，避開小人，讓你工作更順利。

文昌關係到考試、讀書等事情，有考試的考生或是工作上要參加升等考試，出門前可以先往今天的文昌方位走，除了能為自己增加一些分數外，也具有穩定自己軍心的作用。

煞方則是當日凶神所在的地方，要盡量避免往該方面活動，以免好事多磨，壞事折磨，如果無可避免的要往那個方位走，那麼出門前不妨多繞一點路，先往其他的好方位走，再轉往目的地，以避免沾染不好的氣場。

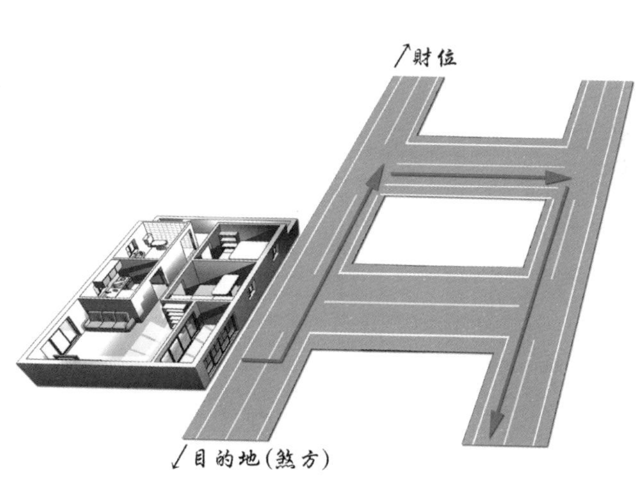

目的地為煞方時，先往有利之方位移動三到五分鐘，再前往目的地。例如目的地為煞方，出門後可先往財位方向移動，再前往原目的地。

戊戌年財喜貴煞方位表

二〇一八國曆一月	農曆十一月	支干	財神	喜門	貴門	文昌	正財	偏財	煞方
1	十五	癸巳	正南	東南	東南	正南	正東	中央	正東
2	十六	甲午	東南	東北	西南	西南	東南	正西	正北
3	十七	乙未	東南	西北	西南	正南	正東	中央	正西
4	十八	丙申	正西	西南	正西	西南	東南	正西	正南
5	十九	丁酉	正西	正南	西北	正西	正南	正西	正東
6	二十	戊戌	正北	東南	東北	西南	東南	正北	正北
7	廿一	己亥	正北	東北	西南	正西	正南	正北	正西
8	廿二	庚子	正東	西北	東北	西北	西南	正東	正南
9	廿三	辛丑	正東	西南	東北	正北	正西	正東	正東
10	廿四	壬寅	正南	正南	正東	東北	西北	正南	正北
11	廿五	癸卯	正南	東南	正東	正東	正北	正南	正西
12	廿六	甲辰	東南	東北	西南	東南	東北	中央	正南
13	廿七	乙巳	東南	西北	正北	正南	正東	中央	正東
14	廿八	丙午	正西	西南	西北	西南	東南	正西	正北
15	廿九	丁未	正西	正南	西北	正西	正南	正西	正西

戊戌年財喜貴煞方位表

二〇一八國曆一月	農曆十二月	支干	財神	喜門	貴門	文昌	正財	偏財	煞方
16	三十	戊申	正北	東南	西南	西南	東南	正南	正南
17	十二月	己酉	正北	東北	西南	正西	正南	正北	正東
18	初二	庚戌	正東	西北	西南	西北	西南	正東	正北
19	初三	辛亥	正東	西南	正南	正北	正西	正東	正西
20	初四	壬子	正南	正南	正東	東北	西北	正南	正南
21	初五	癸丑	正南	東南	正東	正東	正北	正南	正東
22	初六	甲寅	東南	東北	東北	東南	東北	中央	正北
23	初七	乙卯	東南	西北	西南	正南	正東	中央	正西
24	初八	丙辰	正西	西南	正西	西南	東南	正西	正南
25	初九	丁巳	正西	正南	正西	正西	正南	正西	正東
26	初十	戊午	正北	東南	西南	西南	東南	正北	正北
27	十一	己未	正北	東北	西南	正西	正南	正北	正西
28	十二	庚申	正東	西北	西南	西北	西南	正東	正南
29	十三	辛酉	正東	西南	東北	正北	正西	正東	正東
30	十四	壬戌	正南	正南	正東	東北	西北	正南	正北
31	十五	癸亥	正南	東南	正東	正東	正北	正南	正西

戊戌年財喜貴煞方位表

煞方	偏財	正財	文昌	貴門	喜門	財神	支干	農曆十二月	二〇一八國曆二月
正南	中央	東北	東南	東北	東北	東南	甲子	十六	1
正東	中央	正東	正南	正北	西北	東南	乙丑	十七	2
正北	正西	東南	西南	正西	西南	正西	丙寅	十八	3
正西	正西	正南	正西	西北	正南	正西	丁卯	十九	4
正南	正北	東南	正北	東北	東南	正北	戊辰	二十	5
正東	正北	正南	正西	西南	東北	正北	己巳	廿一	6
正北	正東	西南	西北	西南	西北	正東	庚午	廿二	7
正西	正東	正西	正北	正南	西南	正東	辛未	廿三	8
正南	正南	西北	東北	正東	正南	正南	壬申	廿四	9
正東	正南	正北	正東	東南	東南	正南	癸酉	廿五	10
正北	中央	東北	東南	東北	東北	東南	甲戌	廿六	11
正西	中央	正東	正南	西南	西北	東南	乙亥	廿七	12
正南	正西	東南	西南	正西	西南	正西	丙子	廿八	13
正東	正西	正南	正西	西北	正南	正西	丁丑	廿九	14
正北	正北	東南	西南	東北	東南	正北	戊寅	三十	15

戊戌年財喜貴煞方位表

二〇一八國曆二月	農曆正月	支干	財神	喜門	貴門	文昌	正財	偏財	煞方
16	**正月**	己卯	正北	東北	西南	正西	正南	正北	正西
17	**初二**	庚辰	正東	西北	東北	西北	西南	正東	正南
18	**初三**	辛巳	正東	西南	東北	正北	西南	正東	正東
19	**初四**	壬午	正南	正南	正東	東北	西北	正南	正北
20	**初五**	癸未	正南	東南	正東	正東	正北	正南	正西
21	**初六**	甲申	東南	東北	西南	東南	東北	中央	正南
22	**初七**	乙酉	東南	西北	西南	正南	正東	中央	正東
23	**初八**	丙戌	正西	西南	正西	西南	東南	正西	正北
24	**初九**	丁亥	正西	正南	正西	正西	正南	正西	正西
25	**初十**	戊子	正北	東南	東北	西北	西南	正東	正南
26	**十一**	己丑	正北	東北	正北	正北	正西	正東	正東
27	**十二**	庚寅	正東	西北	東北	東北	西北	正南	正北
28	**十三**	辛卯	正東	西南	東北	正東	正北	正南	正西

戊戌年財喜貴煞方位表

二〇一八國曆三月	農曆正月	支干	財神	喜門	貴門	文昌	正財	偏財	煞方
1	十四	壬辰	正南	正南	正東	東南	東北	中央	正南
2	十五	癸巳	正南	東南	東南	正南	正東	中央	正東
3	十六	甲午	東南	東北	西南	西南	東南	正西	正北
4	十七	乙未	東南	西北	西南	正南	正東	中央	正西
5	十八	丙申	正西	西南	正西	西南	東南	正西	正南
6	十九	丁酉	正西	正南	西北	正西	正南	正西	正東
7	二十	戊戌	正北	東南	東北	西南	東南	正北	正北
8	廿一	己亥	正北	東北	西南	正西	正南	正北	正西
9	廿二	庚子	正東	西北	東北	西北	西南	正東	正南
10	廿三	辛丑	正東	西南	東北	正北	正西	正東	正東
11	廿四	壬寅	正南	正南	正東	東北	西北	正南	正北
12	廿五	癸卯	正南	東南	正東	正東	正北	正南	正西
13	廿六	甲辰	東南	東北	西南	東南	東北	中央	正南
14	廿七	乙巳	東南	西北	正北	正南	正東	中央	正東
15	廿八	丙午	正西	西南	西北	西南	東南	正西	正北

戊戌年財喜貴煞方位表

二〇一八 國曆三月	農曆 二月	支干	財神	喜門	貴門	文昌	正財	偏財	煞方
16	廿九	丁未	正西	正南	西北	正西	正南	正西	正西
17	二月	戊申	正北	東南	西南	西南	東南	正南	正南
18	初二	己酉	正北	東北	西南	正西	正南	正北	正東
19	初三	庚戌	正東	西北	西南	西北	西南	正東	正北
20	初四	辛亥	正東	西南	正南	正北	正西	正東	正西
21	初五	壬子	正南	正南	正東	東北	西北	正南	正南
22	初六	癸丑	正南	東南	正東	正東	正北	正南	正東
23	初七	甲寅	東南	東北	東北	東南	東北	中央	正北
24	初八	乙卯	東南	西北	西南	正南	正東	中央	正西
25	初九	丙辰	正西	西南	正西	西南	東南	正西	正南
26	初十	丁巳	正西	正南	正西	正西	正南	正西	正東
27	十一	戊午	正北	東南	西南	西南	東南	正北	正北
28	十二	己未	正北	東北	西南	正西	正南	正北	正西
29	十三	庚申	正東	西北	西南	西北	西南	正東	正南
30	十四	辛酉	正東	西南	東北	正北	正西	正東	正東
31	十五	壬戌	正南	正南	正東	東北	西北	正南	正北

戊戌年財喜貴煞方位表

二〇一八國曆四月	農曆二月	支干	財神	喜門	貴門	文昌	正財	偏財	煞方
1	十六	癸亥	正南	東南	正東	正東	正北	正南	正西
2	十七	甲子	東南	東北	東北	東南	東北	中央	正南
3	十八	乙丑	東南	西北	正北	正南	正東	中央	正東
4	十九	丙寅	正西	西南	正西	西南	東南	正西	正北
5	二十	丁卯	正西	正南	西北	正西	正南	正西	正西
6	廿一	戊辰	正北	東南	東北	正北	東南	正北	正南
7	廿二	己巳	正北	東北	西南	正西	正南	正北	正東
8	廿三	庚午	正東	西北	西南	西北	西南	正東	正北
9	廿四	辛未	正東	西南	正南	正北	正西	正東	正西
10	廿五	壬申	正南	正南	正東	東北	西北	正南	正南
11	廿六	癸酉	正南	東南	東南	正東	正北	正南	正東
12	廿七	甲戌	東南	東北	東北	東南	東北	中央	正北
13	廿八	乙亥	東南	西北	西南	正南	正東	中央	正西
14	廿九	丙子	正西	西南	正西	西南	東南	正西	正南
15	三十	丁丑	正西	正南	西北	正西	正南	正西	正東

戊戌年財喜貴煞方位表

二〇一八國曆四月	農曆三月	支干	財神	喜門	貴門	文昌	正財	偏財	煞方
16	三月	戊寅	正北	東南	東北	西南	東南	正北	正北
17	初二	己卯	正北	東北	西南	正西	正南	正北	正西
18	初三	庚辰	正東	西北	東北	西北	西南	正東	正南
19	初四	辛巳	正東	西南	東北	正北	西南	正東	正東
20	初五	壬午	正南	正南	正東	東北	西北	正南	正北
21	初六	癸未	正南	東南	正東	正東	正北	正南	正西
22	初七	甲申	東南	東北	西南	東南	東北	中央	正南
23	初八	乙酉	東南	西北	西南	正南	正東	中央	正東
24	初九	丙戌	正西	西南	正西	西南	東南	正西	正北
25	初十	丁亥	正西	正南	正西	正西	正南	正西	正西
26	十一	戊子	正北	東南	東北	西北	西南	正東	正南
27	十二	己丑	正北	東北	正北	正北	正西	正東	正東
28	十三	庚寅	正東	西北	東北	東北	西北	正南	正北
29	十四	辛卯	正東	西南	東北	正東	正北	正南	正西
30	十五	壬辰	正南	正南	正東	東南	東北	中央	正南

戊戌年財喜貴煞方位表

二〇一八國曆五月	農曆三月	支干	財神	喜門	貴門	文昌	正財	偏財	煞方
1	十六	癸巳	正南	東南	東南	正南	正東	中央	正東
2	十七	甲午	東南	東北	西南	西南	東南	正西	正北
3	十八	乙未	東南	西北	西南	正南	正東	中央	正西
4	十九	丙申	正西	西南	正西	西南	東南	正西	正南
5	二十	丁酉	正西	正南	西北	正西	正南	正西	正東
6	廿一	戊戌	正北	東南	東北	西南	東南	正北	正北
7	廿二	己亥	正北	東北	西南	正西	正南	正北	正西
8	廿三	庚子	正東	西北	東北	西北	西南	正東	正南
9	廿四	辛丑	正東	西南	東北	正北	正西	正東	正東
10	廿五	壬寅	正南	正南	正東	東北	西北	正南	正北
11	廿六	癸卯	正南	東南	正東	正東	正北	正南	正西
12	廿七	甲辰	東南	東北	西南	東南	東北	中央	正南
13	廿八	乙巳	東南	西北	正北	正南	正東	中央	正東
14	廿九	丙午	正西	西南	西北	西南	東南	正西	正北
15	四月	丁未	正西	正南	西北	正西	正南	正西	正西

戊戌年財喜貴煞方位表

煞方	偏財	正財	文昌	貴門	喜門	財神	支干	農曆四月	二〇一八國曆五月
正南	正南	東南	西南	西南	東南	正北	戊申	初二	16
正東	正北	正南	正西	西南	東北	正北	己酉	初三	17
正北	正東	西南	西北	西南	西北	正東	庚戌	初四	18
正西	正東	正西	正北	正南	西南	正東	辛亥	初五	19
正南	正南	西北	東北	正東	正南	正南	壬子	初六	20
正東	正南	正北	正東	正東	東南	正南	癸丑	初七	21
正北	中央	東北	東南	東北	東北	東南	甲寅	初八	22
正西	中央	正東	正南	西南	西北	東南	乙卯	初九	23
正南	正西	東南	西南	正西	西南	正西	丙辰	初十	24
正東	正西	正南	正西	正西	正南	正西	丁巳	十一	25
正北	正北	東南	西南	西南	東南	正北	戊午	十二	26
正西	正北	正南	正西	西南	東北	正北	己未	十三	27
正南	正東	西南	西北	西南	西北	正東	庚申	十四	28
正東	正東	正西	正北	東北	西南	正東	辛酉	十五	29
正北	正南	西北	東北	正東	正南	正南	壬戌	十六	30
正西	正南	正北	正東	正東	東南	正南	癸亥	十七	31

戊戌年財喜貴煞方位表

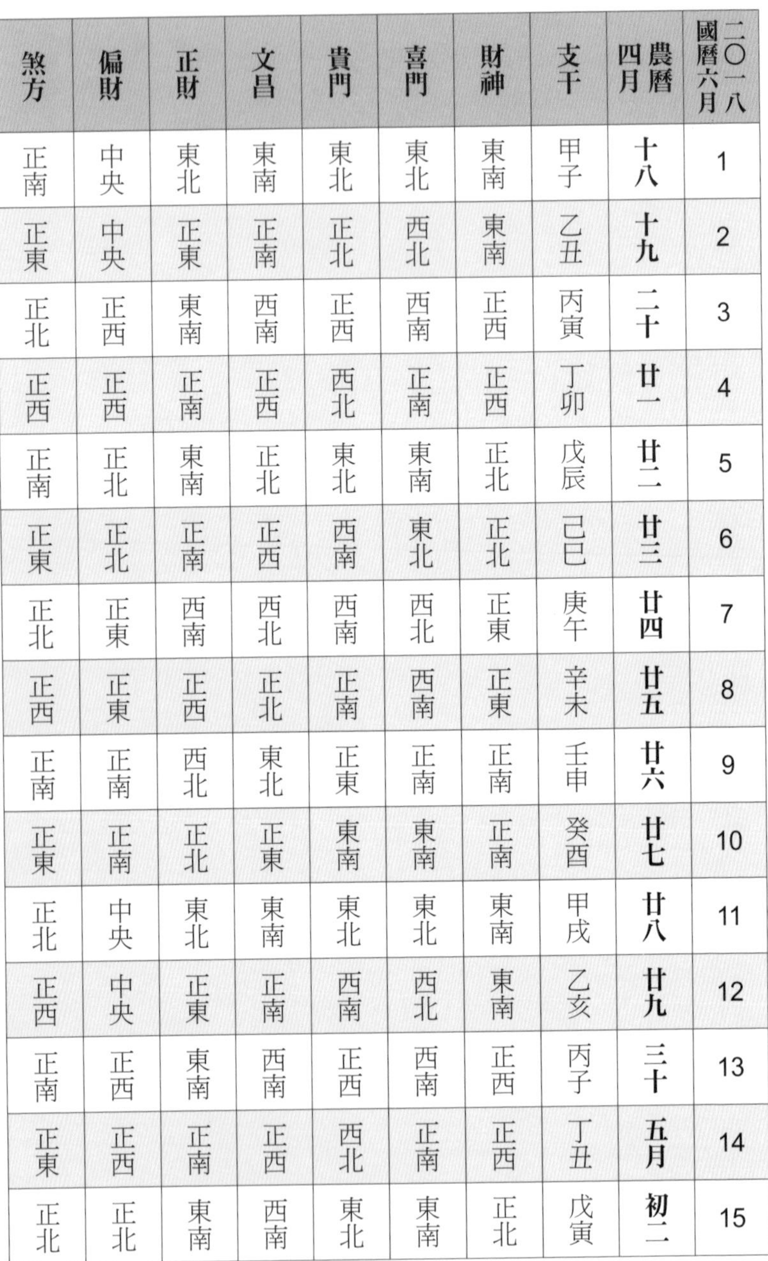

二〇一八國曆六月	農曆四月	支干	財神	喜門	貴門	文昌	正財	偏財	煞方
1	十八	甲子	東南	東北	東北	東南	東北	中央	正南
2	十九	乙丑	東南	西北	正北	正南	正東	中央	正東
3	二十	丙寅	正西	西南	正西	西南	東南	正西	正北
4	廿一	丁卯	正西	正南	西北	正西	正南	正西	正西
5	廿二	戊辰	正北	東南	東北	正北	東南	正北	正南
6	廿三	己巳	正北	東北	西南	正西	正南	正北	正東
7	廿四	庚午	正東	西北	西南	西北	西南	正東	正北
8	廿五	辛未	正東	西南	正南	正北	正西	正東	正西
9	廿六	壬申	正南	正南	正東	東北	西北	正南	正南
10	廿七	癸酉	正南	東南	東南	正東	正北	正南	正東
11	廿八	甲戌	東南	東北	東北	東南	東北	中央	正北
12	廿九	乙亥	東南	西北	西南	正南	正東	中央	正西
13	三十	丙子	正西	西南	正西	西南	東南	正西	正南
14	五月	丁丑	正西	正南	西北	正西	正南	正西	正東
15	初二	戊寅	正北	東南	東北	西南	東南	正北	正北

戊戌年財喜貴煞方位表

煞方	偏財	正財	文昌	貴門	喜門	財神	支干	農曆五月	二〇一八國曆六月
正西	正北	正南	正西	西南	東北	正北	己卯	**初三**	16
正南	正東	西南	西北	東北	西北	正東	庚辰	**初四**	17
正東	正東	西南	正北	東北	西南	正東	辛巳	**初五**	18
正北	正南	西北	東北	正東	正南	正南	壬午	**初六**	19
正西	正南	正北	正東	正東	東南	正南	癸未	**初七**	20
正南	中央	東北	東南	西南	東北	東南	甲申	**初八**	21
正東	中央	正東	正南	西南	西北	東南	乙酉	**初九**	22
正北	正西	東南	西南	正西	西南	正西	丙戌	**初十**	23
正西	正西	正南	正西	正西	正南	正西	丁亥	**十一**	24
正南	正東	西南	西北	東北	東南	正北	戊子	**十二**	25
正東	正東	正西	正北	正北	東北	正北	己丑	**十三**	26
正北	正南	西北	東北	東北	西北	正東	庚寅	**十四**	27
正西	正南	正北	正東	東北	西南	正東	辛卯	**十五**	28
正南	中央	東北	東南	正東	正南	正南	壬辰	**十六**	29
正東	中央	正東	正南	東南	東南	正南	癸巳	**十七**	30

戊戌年財喜貴煞方位表

二〇一八 國曆七月	農曆 五月	支干	財神	喜門	貴門	文昌	正財	偏財	煞方
1	十八	甲午	東南	東北	西南	西南	東南	正西	正北
2	十九	乙未	東南	西北	西南	正南	正東	中央	正西
3	二十	丙申	正西	西南	正西	西南	東南	正西	正南
4	廿一	丁酉	正西	正南	西北	正西	正南	正西	正東
5	廿二	戊戌	正北	東南	東北	西南	東南	正北	正北
6	廿三	己亥	正北	東北	西南	正西	正南	正北	正西
7	廿四	庚子	正東	西北	東北	西北	西南	正東	正南
8	廿五	辛丑	正東	西南	東北	正北	正西	正東	正東
9	廿六	壬寅	正南	正南	正東	東北	西北	正南	正北
10	廿七	癸卯	正南	東南	正東	正東	正北	正南	正西
11	廿八	甲辰	東南	東北	西南	東南	東北	中央	正南
12	廿九	乙巳	東南	西北	正北	正南	正東	中央	正東
13	六月	丙午	正西	西南	西北	西南	東南	正西	正北
14	初二	丁未	正西	正南	西北	正西	正南	正西	正西
15	初三	戊申	正北	東南	西南	西南	東南	正南	正南

戊戌年財喜貴煞方位表

二〇一八 國曆七月	農曆 六月	支干	財神	喜門	貴門	文昌	正財	偏財	煞方
16	初四	己酉	正北	東北	西南	正西	正南	正北	正東
17	初五	庚戌	正東	西北	西南	西北	西南	正東	正北
18	初六	辛亥	正東	西南	正南	正北	正西	正東	正西
19	初七	壬子	正南	正南	正東	東北	西北	正南	正南
20	初八	癸丑	正南	東南	正東	正東	正北	正南	正東
21	初九	甲寅	東南	東北	東北	東南	東北	中央	正北
22	初十	乙卯	東南	西北	西南	正南	正東	中央	正西
23	十一	丙辰	正西	西南	正西	西南	東南	正西	正南
24	十二	丁巳	正西	正南	正西	正西	正南	正西	正東
25	十三	戊午	正北	東南	西南	西南	東南	正北	正北
26	十四	己未	正北	東北	西南	正西	正南	正北	正西
27	十五	庚申	正東	西北	西南	西北	西南	正東	正南
28	十六	辛酉	正東	西南	東北	正北	正西	正東	正東
29	十七	壬戌	正南	正南	正東	東北	西北	正南	正北
30	十八	癸亥	正南	東南	正東	正東	正北	正南	正西
31	十九	甲子	東南	東北	東北	東南	東北	中央	正南

戊戌年財喜貴煞方位表

煞方	偏財	正財	文昌	貴門	喜門	財神	支干	農曆六月	二〇一八國曆八月
正東	中央	正東	正南	正北	西北	東南	乙丑	二十	1
正北	正西	東南	西南	正西	西南	正西	丙寅	廿一	2
正西	正西	正南	正西	西北	正南	正西	丁卯	廿二	3
正南	正北	東南	正北	東北	東南	正北	戊辰	廿三	4
正東	正北	正南	正西	西南	東北	正北	己巳	廿四	5
正北	正東	西南	西北	西南	西北	正東	庚午	廿五	6
正西	正東	正西	正北	正南	西南	正東	辛未	廿六	7
正南	正南	西北	東北	正東	正南	正南	壬申	廿七	8
正東	正南	正北	正東	東南	東南	正南	癸酉	廿八	9
正北	中央	東北	東南	東北	東北	東南	甲戌	廿九	10
正西	中央	正東	正南	西南	西北	東南	乙亥	七月	11
正南	正西	東南	西南	正西	西南	正西	丙子	初二	12
正東	正西	正南	正西	西北	正南	正西	丁丑	初三	13
正北	正北	東南	西南	東北	東南	正北	戊寅	初四	14
正西	正北	正南	正西	西南	東北	正北	己卯	初五	15

戊戌年財喜貴煞方位表

煞方	偏財	正財	文昌	貴門	喜門	財神	支干	農曆七月	二〇一八國曆八月
正南	正東	西南	西北	東北	西北	正東	庚辰	**初六**	16
正東	正東	西南	正北	東北	西南	正東	辛巳	**初七**	17
正北	正南	西北	東北	正東	正南	正南	壬午	**初八**	18
正西	正南	正北	正東	正東	東南	正南	癸未	**初九**	19
正南	中央	東北	東南	西南	東北	東南	甲申	**初十**	20
正東	中央	正東	正南	西南	西北	東南	乙酉	**十一**	21
正北	正西	東南	西南	正西	西南	正西	丙戌	**十二**	22
正西	正西	正南	正西	正西	正南	正西	丁亥	**十三**	23
正南	正東	西南	西北	東北	東南	正北	戊子	**十四**	24
正東	正東	正西	正北	正北	東北	正北	己丑	**十五**	25
正北	正南	西北	東北	東北	西北	正東	庚寅	**十六**	26
正西	正南	正北	正東	東北	西南	正東	辛卯	**十七**	27
正南	中央	東北	東南	正東	正南	正南	壬辰	**十八**	28
正東	中央	正東	正南	東南	東南	正南	癸巳	**十九**	29
正北	正西	東南	西南	西南	東北	東南	甲午	**二十**	30
正西	中央	正東	正南	西南	西北	東南	乙未	**廿一**	31

戊戌年財喜貴煞方位表

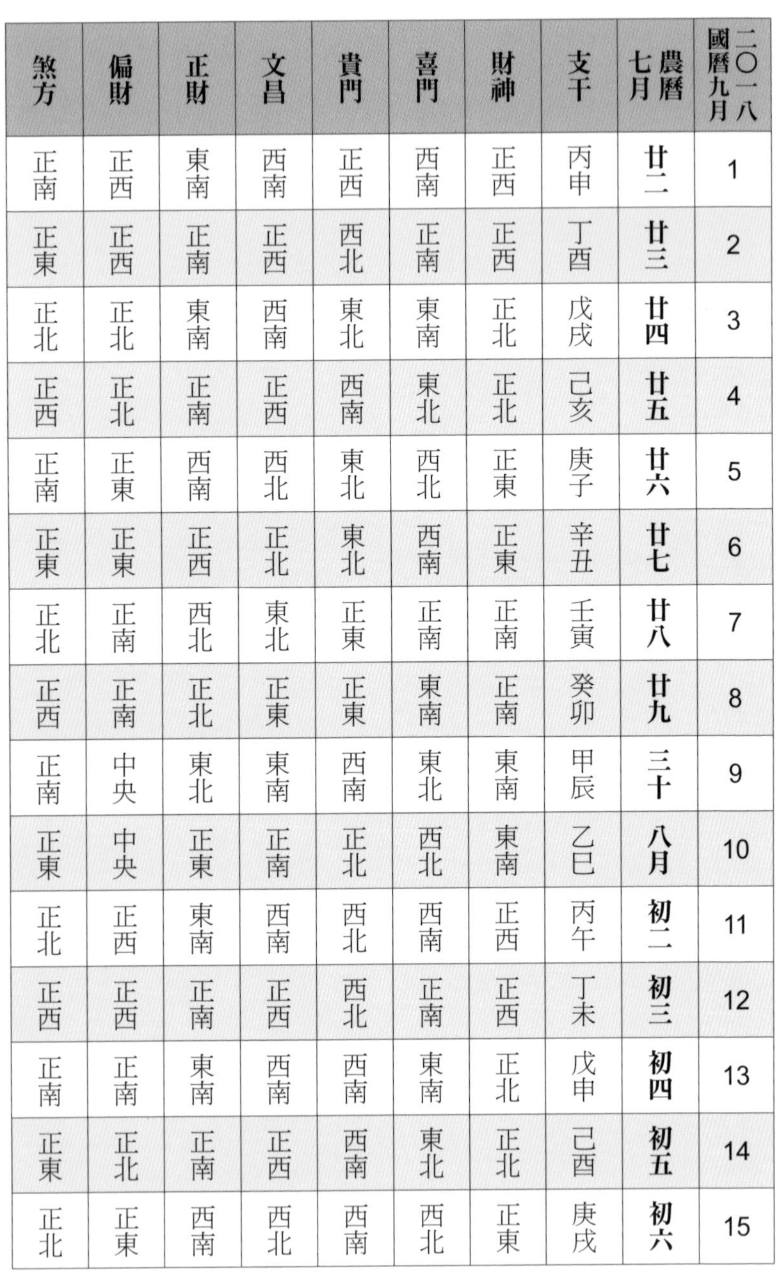

二〇一八國曆九月	農曆七月	支干	財神	喜門	貴門	文昌	正財	偏財	煞方
1	**廿二**	丙申	正西	西南	正西	西南	東南	正西	正南
2	**廿三**	丁酉	正西	正南	西北	正西	正南	正西	正東
3	**廿四**	戊戌	正北	東南	東北	西南	東南	正北	正北
4	**廿五**	己亥	正北	東北	西南	正西	正南	正北	正西
5	**廿六**	庚子	正東	西北	東北	西北	西南	正東	正南
6	**廿七**	辛丑	正東	西南	東北	正北	正西	正東	正東
7	**廿八**	壬寅	正南	正南	正東	東北	西北	正南	正北
8	**廿九**	癸卯	正南	東南	正東	正東	正北	正南	正西
9	**三十**	甲辰	東南	東北	西南	東南	東北	中央	正南
10	**八月**	乙巳	東南	西北	正北	正南	正東	中央	正東
11	**初二**	丙午	正西	西南	西北	西南	東南	正西	正北
12	**初三**	丁未	正西	正南	西北	正西	正南	正西	正西
13	**初四**	戊申	正北	東南	西南	西南	東南	正南	正南
14	**初五**	己酉	正北	東北	西南	正西	正南	正北	正東
15	**初六**	庚戌	正東	西北	西南	西北	西南	正東	正北

戊戌年財喜貴煞方位表

煞方	偏財	正財	文昌	貴門	喜門	財神	支干	農曆八月	二〇一八國曆九月
正西	正東	正西	正北	正南	西南	正東	辛亥	初七	16
正南	正南	西北	東北	正東	正南	正南	壬子	初八	17
正東	正南	正北	正東	正東	東南	正南	癸丑	初九	18
正北	中央	東北	東南	東北	東北	東南	甲寅	初十	19
正西	中央	正東	正南	西南	西北	東南	乙卯	十一	20
正南	正西	東南	西南	正西	西南	正西	丙辰	十二	21
正東	正西	正南	正西	正西	正南	正西	丁巳	十三	22
正北	正北	東南	西南	西南	東南	正北	戊午	十四	23
正西	正北	正南	正西	西南	東北	正北	己未	十五	24
正南	正東	西南	西北	西南	西北	正東	庚申	十六	25
正東	正東	正西	正北	東北	西南	正東	辛酉	十七	26
正北	正南	西北	東北	正東	正南	正南	壬戌	十八	27
正西	正南	正北	正東	正東	東南	正南	癸亥	十九	28
正南	中央	東北	東南	東北	東北	東南	甲子	二十	29
正東	中央	正東	正南	正北	西北	東南	乙丑	廿一	30

戊戌年財喜貴煞方位表

二〇一八國曆十月	農曆八月	支干	財神	喜門	貴門	文昌	正財	偏財	煞方
1	廿二	丙寅	正西	西南	正西	西南	東南	正西	正北
2	廿三	丁卯	正西	正南	西北	正西	正南	正西	正西
3	廿四	戊辰	正北	東南	東北	正北	東南	正北	正南
4	廿五	己巳	正北	東北	西南	正西	正南	正北	正東
5	廿六	庚午	正東	西北	西南	西北	西南	正東	正北
6	廿七	辛未	正東	西南	正南	正北	正西	正東	正西
7	廿八	壬申	正南	正南	正東	東北	西北	正南	正南
8	廿九	癸酉	正南	東南	東南	正東	正北	正南	正東
9	九月	甲戌	東南	東北	東北	東南	東北	中央	正北
10	初二	乙亥	東南	西北	西南	正南	正東	中央	正西
11	初三	丙子	正西	西南	正西	西南	東南	正西	正南
12	初四	丁丑	正西	正南	西北	正西	正南	正西	正東
13	初五	戊寅	正北	東南	東北	西南	東南	正北	正北
14	初六	己卯	正北	東北	西南	正西	正南	正北	正西
15	初七	庚辰	正東	西北	東北	西北	西南	正東	正南

戊戌年財喜貴煞方位表

煞方	偏財	正財	文昌	貴門	喜門	財神	支干	農曆九月	二〇一八國曆十月
正東	正東	西南	正北	東北	西南	正東	辛巳	初八	16
正北	正南	西北	東北	正東	正南	正南	壬午	初九	17
正西	正南	正北	正東	正東	東南	正南	癸未	初十	18
正南	中央	東北	東南	西南	東北	東南	甲申	十一	19
正東	中央	正東	正南	西南	西北	東南	乙酉	十二	20
正北	正西	東南	西南	正西	西南	正西	丙戌	十三	21
正西	正西	正南	正西	正西	正南	正西	丁亥	十四	22
正南	正東	西南	西北	東北	東南	正北	戊子	十五	23
正東	正東	正西	正北	正北	東北	正北	己丑	十六	24
正北	正南	西北	東北	東北	西北	正東	庚寅	十七	25
正西	正南	正北	正東	東北	西南	正東	辛卯	十八	26
正南	中央	東北	東南	正東	正南	正南	壬辰	十九	27
正東	中央	正東	正南	東南	東南	正南	癸巳	二十	28
正北	正西	東南	西南	西南	東北	東南	甲午	廿一	29
正西	中央	正東	正南	西南	西北	東南	乙未	廿二	30
正南	正西	東南	西南	正西	西南	正西	丙申	廿三	31

戊戌年財喜貴煞方位表

二〇一八 國曆十一月	農曆八月	支干	財神	喜門	貴門	文昌	正財	偏財	煞方
1	廿四	丁酉	正西	正南	西北	正西	正南	正西	正東
2	廿五	戊戌	正北	東南	東北	西南	東南	正北	正北
3	廿六	己亥	正北	東北	西南	正西	正南	正北	正西
4	廿七	庚子	正東	西北	東北	西北	西南	正東	正南
5	廿八	辛丑	正東	西南	東北	正北	正西	正東	正東
6	廿九	壬寅	正南	正南	正東	東北	西北	正南	正北
7	三十	癸卯	正南	東南	正東	正東	正北	正南	正西
8	十月	甲辰	東南	東北	西南	東南	東北	中央	正南
9	初二	乙巳	東南	西北	正北	正南	正東	中央	正東
10	初三	丙午	正西	西南	西北	西南	東南	正西	正北
11	初四	丁未	正西	正南	西北	正西	正南	正西	正西
12	初五	戊申	正北	東南	西南	西南	東南	正南	正南
13	初六	己酉	正北	東北	西南	正西	正南	正北	正東
14	初七	庚戌	正東	西北	西南	西北	西南	正東	正北
15	初八	辛亥	正東	西南	正南	正北	正西	正東	正西

戊戌年財喜貴煞方位表

二〇一八 國曆十一月	農曆 十月	支干	財神	喜門	貴門	文昌	正財	偏財	煞方
16	初九	壬子	正南	正南	正東	東北	西北	正南	正南
17	初十	癸丑	正南	東南	正東	正東	正北	正南	正東
18	十一	甲寅	東南	東北	東北	東南	東北	中央	正北
19	十二	乙卯	東南	西北	西南	正南	正東	中央	正西
20	十三	丙辰	正西	西南	正西	西南	東南	正西	正南
21	十四	丁巳	正西	正南	正西	正西	正南	正西	正東
22	十五	戊午	正北	東南	西南	西南	東南	正北	正北
23	十六	己未	正北	東北	西南	正西	正南	正北	正西
24	十七	庚申	正東	西北	西南	西北	西南	正東	正南
25	十八	辛酉	正東	西南	東北	正北	正西	正東	正東
26	十九	壬戌	正南	正南	正東	東北	西北	正南	正北
27	二十	癸亥	正南	東南	正東	正東	正北	正南	正西
28	廿一	甲子	東南	東北	東北	東南	東北	中央	正南
29	廿二	乙丑	東南	西北	正北	正南	正東	中央	正東
30	廿三	丙寅	正西	西南	正西	西南	東南	正西	正北

戊戌年財喜貴煞方位表

二〇一八 國曆十二月	農曆 十月	支干	財神	喜門	貴門	文昌	正財	偏財	煞方
1	廿四	丁卯	正西	正南	西北	正西	正南	正西	正西
2	廿五	戊辰	正北	東南	東北	正北	東南	正北	正南
3	廿六	己巳	正北	東北	西南	正西	正南	正北	正東
4	廿七	庚午	正東	西北	西南	西北	西南	正東	正北
5	廿八	辛未	正東	西南	正南	正北	正西	正東	正西
6	廿九	壬申	正南	正南	正東	東北	西北	正南	正南
7	十一月	癸酉	正南	東南	東南	正東	正北	正南	正東
8	初二	甲戌	東南	東北	東北	東南	東北	中央	正北
9	初三	乙亥	東南	西北	西南	正南	正東	中央	正西
10	初四	丙子	正西	西南	正西	西南	東南	正西	正南
11	初五	丁丑	正西	正南	西北	正西	正南	正西	正東
12	初六	戊寅	正北	東南	東北	西南	東南	正北	正北
13	初七	己卯	正北	東北	西南	正西	正南	正北	正西
14	初八	庚辰	正東	西北	東北	西北	西南	正東	正南
15	初九	辛巳	正東	西南	東北	正北	西南	正東	正東

戊戌年財喜貴煞方位表

二〇一八 國曆十二月	農曆 十一月	支干	財神	喜門	貴門	文昌	正財	偏財	煞方
16	初十	壬午	正南	正南	正東	東北	西北	正南	正北
17	十一	癸未	正南	東南	正東	正東	正北	正南	正西
18	十二	甲申	東南	東北	西南	東南	東北	中央	正南
19	十三	乙酉	東南	西北	西南	正南	正東	中央	正東
20	十四	丙戌	正西	西南	正西	西南	東南	正西	正北
21	十五	丁亥	正西	正南	正西	正西	正南	正西	正西
22	十六	戊子	正北	東南	東北	西北	西南	正東	正南
23	十七	己丑	正北	東北	正北	正北	正西	正東	正東
24	十八	庚寅	正東	西北	東北	東北	西北	正南	正北
25	十九	辛卯	正東	西南	東北	正東	正北	正南	正西
26	二十	壬辰	正南	正南	正東	東南	東北	中央	正南
27	廿一	癸巳	正南	東南	東南	正南	正東	中央	正東
28	廿二	甲午	東南	東北	西南	西南	東南	正西	正北
29	廿三	乙未	東南	西北	西南	正南	正東	中央	正西
30	廿四	丙申	正西	西南	正西	西南	東南	正西	正南
31	廿五	丁酉	正西	正南	西北	正西	正南	正西	正東

戊戌年財喜貴煞方位表

二〇一九國曆一月	農曆十一月	支干	財神	喜門	貴門	文昌	正財	偏財	煞方
1	廿六	戊戌	正北	東南	東北	西南	東南	正北	正北
2	廿七	己亥	正北	東北	西南	正西	正南	正北	正西
3	廿八	庚子	正東	西北	東北	西北	西南	正東	正南
4	廿九	辛丑	正東	西南	東北	正北	正西	正東	正東
5	三十	壬寅	正南	正南	正東	東北	西北	正南	正北
6	十二月	癸卯	正南	東南	正東	正東	正北	正南	正西
7	初二	甲辰	東南	東北	西南	東南	東北	中央	正南
8	初三	乙巳	東南	西北	正北	正南	正東	中央	正東
9	初四	丙午	正西	西南	西北	西南	東南	正西	正北
10	初五	丁未	正西	正南	西北	正西	正南	正西	正西
11	初六	戊申	正北	東南	西南	西南	東南	正南	正南
12	初七	己酉	正北	東北	西南	正西	正南	正北	正東
13	初八	庚戌	正東	西北	西南	西北	西南	正東	正北
14	初九	辛亥	正東	西南	正南	正北	正西	正東	正西
15	初十	壬子	正南	正南	正東	東北	西北	正南	正南

戊戌年財喜貴煞方位表

二〇一九 國曆一月	農曆十二月	支干	財神	喜門	貴門	文昌	正財	偏財	煞方
16	十一	癸丑	正南	東南	正東	正東	正北	正南	正東
17	十二	甲寅	東南	東北	東北	東南	東北	中央	正北
18	十三	乙卯	東南	西北	西南	正南	正東	中央	正西
19	十四	丙辰	正西	西南	正西	西南	東南	正西	正南
20	十五	丁巳	正西	正南	正西	正西	正南	正西	正東
21	十六	戊午	正北	東南	西南	西南	東南	正北	正北
22	十七	己未	正北	東北	西南	正西	正南	正北	正西
23	十八	庚申	正東	西北	西南	西北	西南	正東	正南
24	十九	辛酉	正東	西南	東北	正北	正西	正東	正東
25	二十	壬戌	正南	正南	正東	東北	西北	正南	正北
26	廿一	癸亥	正南	東南	正東	正東	正北	正南	正西
27	廿二	甲子	東南	東北	東北	東南	東北	中央	正南
28	廿三	乙丑	東南	西北	正北	正南	正東	中央	正東
29	廿四	丙寅	正西	西南	正西	西南	東南	正西	正北
30	廿五	丁卯	正西	正南	西北	正西	正南	正西	正西
31	廿六	戊辰	正北	東南	東北	正北	東南	正北	正南

戊戌年財喜貴煞方位表

二〇一九國曆二月	農曆十二月	支干	財神	喜門	貴門	文昌	正財	偏財	煞方
1	廿七	己巳	正北	東北	西南	正西	正南	正北	正東
2	廿八	庚午	正東	西北	西南	西北	西南	正東	正北
3	廿九	辛未	正東	西南	正南	正北	正西	正東	正西
4	三十	壬申	正南	正南	正東	東北	西北	正南	正南
5	正月	癸酉	正南	東南	東南	正東	正北	正南	正東
6	初二	甲戌	東南	東北	東北	東南	東北	中央	正北
7	初三	乙亥	東南	西北	西南	正南	正東	中央	正西
8	初四	丙子	正西	西南	正西	西南	東南	正西	正南
9	初五	丁丑	正西	正南	西北	正西	正南	正西	正東
10	初六	戊寅	正北	東南	東北	西南	東南	正北	正北
11	初七	己卯	正北	東北	西南	正西	正南	正北	正西
12	初八	庚辰	正東	西北	東北	西北	西南	正東	正南
13	初九	辛巳	正東	西南	東北	正北	西南	正東	正東
14	初十	壬午	正南	正南	正東	東北	西北	正南	正北
15	十一	癸未	正南	東南	正東	正東	正北	正南	正西

戊戌年財喜貴煞方位表

二〇一九國曆二月	農曆正月	支干	財神	喜門	貴門	文昌	正財	偏財	煞方
16	十二	甲申	東南	東北	西南	東南	東北	中央	正南
17	十三	乙酉	東南	西北	西南	正南	正東	中央	正東
18	十四	丙戌	正西	西南	正西	西南	東南	正西	正北
19	十五	丁亥	正西	正南	正西	正西	正南	正西	正西
20	十六	戊子	正北	東南	東北	西北	西南	正東	正南
21	十七	己丑	正北	東北	正北	正北	正西	正東	正東
22	十八	庚寅	正東	西北	東北	東北	西北	正南	正北
23	十九	辛卯	正東	西南	東北	正東	正北	正南	正西
24	二十	壬辰	正南	正南	正東	東南	東北	中央	正南
25	廿一	癸巳	正南	東南	東南	正南	正東	中央	正東
26	廿二	甲午	東南	東北	西南	西南	東南	正西	正北
27	廿三	乙未	東南	西北	西南	正南	正東	中央	正西
28	廿四	丙申	正西	西南	正西	西南	東南	正西	正南

戊戌年風水運用大全

戊戌年九宮飛星大解析

九宮飛星的理論認為，代表不同意義的「九星」每年會落在九個不同的方位上，而這九星依照固定的循環，每九年重複一次。又因為位置的轉換是以「年」為單位，因此又被稱作「流年方位」。這九星各自代表不同的意義，主宰人們一年的運勢，對於各方面產生影響。（關於九宮飛星圖的詳細解說與運用方式，可參考《謝沅瑾財運風水教科書》。）

⊙以下簡介九星的種類與意義：

一白、貪狼星，主桃花文職：

易遇桃花感情之姻緣情事，同時亦加強官運與財運。

二黑、巨門星，主身心病痛：

外在病痛不斷，內在煩憂頻起，內外交攻永無寧日。

三碧、祿存星，主官非鬥爭：

易遭官非訴訟纏身不休，或遇致使殘廢之病痛意外。

四綠、文昌星，主讀書考試：

加強讀書效果，頭腦判斷能力，強化考運與升職運。

五黃、廉貞星，主災病凶煞：

宜靜不宜動，貿然動土喪葬者必遭凶煞，非死即傷。

六白、武曲星，主軍警官運：

使軍警職易獲拔擢，升遷快速順暢，最終威權震世。

七赤、破軍星，主盜賊破財：

居家出外易遭盜賊，身邊亦有小人環伺，災禍不斷。

八白、左輔星，主富貴功名：

富貴功名源源不絕，能化凶神為吉星，發財又添丁。

九紫、右弼星，主福祿喜事：

能趕煞催貴，遇之必有喜事臨門，有情人終成眷屬。

九星涵蓋了各種福祿壽喜、生老病死之事，也因此每一星的位置好壞與運用都是不能輕忽之事，如果能夠了解每一年的流年方位，並加以妥善運用，對於個人的運勢將會有很不錯的提升。

二〇一八戊戌年九宮飛星圖

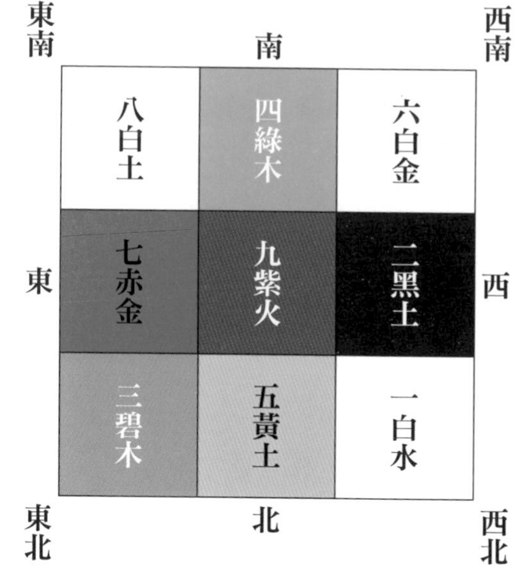

戊戌年方位運用及運勢提升之道

● 流年財位與招財法

九宮飛星所代表的財位，因為每年不同，又叫做流年財位。在九宮飛星中代表財運的星有「一白、六白、八白」，也分別代表了「文官官運財運」、「武官官運財運」以及「整體財運」。經過正確運用，能催動家中真財位，強化財運。

不同職業與不同發展方向的人，要催的財位就不同。像是公務人員希望能夠加薪升官，就要催動「一白」星。若是軍警保全等，想要能有更好的晉升管道，那就要催動「六白」星。而如果是上班族、經商者，或者是不管是哪一種人，就可以使用「八白」星來催動整體財運。

⊙ 一白財位

二〇一八年的文星（文曲星）也就是一白星的位置在西北，從事文職工作的人，可以在這個位置上放文昌筆，點旺文昌，讓思緒更加文思泉湧，靈感源源不絕。另外，在事業工作上面如果想要有所突破，增加人緣，也可以在這個位置上擺放粉水晶。從事文職內勤工作的人，如果房子的這個方位剛好有開窗的話，在事業工作上加分就會特別多。

從事文職工作的人，可以在一白的位置上放文昌筆，點旺文昌。

⊙六白財位

六白星也就是武曲的位置，主要針對跑外勤，甚至軍人、警察，軍警職這類工作的人，**二〇一八年的六白位在西南方**，如果想在今年爭取晉升、升遷、遠調的機會，建議可以在這個位置上擺放馬匹飾品，最好是前面兩隻腳抬起的馬，頭朝外擺放，民俗上代表驛馬星動，表示比較有升遷或遠調的機會。馬的材質建議使用金屬，其次為原木，第三是玻璃材質。但如果工作已經很穩定者，建議馬匹擺放方向相反，頭朝內，樣子為四隻腳著地，所以如果馬背放錢，代表「馬上有錢」，意味著財運上有提升。馬背上放猴子，代表「馬上封侯」。

⊙八白財位

八白星也就是左輔星的位置，今年來到東南方，不僅是上班、公職或經商，即使只是擺個攤位，都可以運用這個位置來催旺財運。另外，在寺廟中求到的發財金，也可以擺放這個位置上，加分比較多。

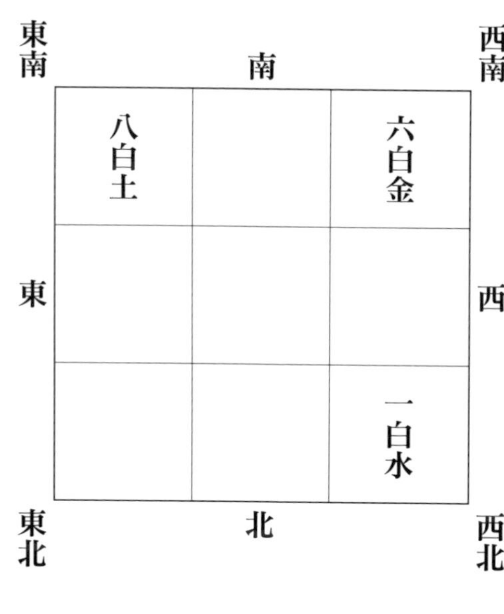

流年桃花位與招桃法

對於桃花位的應用，大多數的人都存有誤解，以為招桃花僅針對男女間的感情。其實「桃花」可以區分為「姻緣桃花」與「人緣桃花」。「姻緣桃花」就是我們一般所認識的、針對男女感情的桃花，如果能招到好的姻緣桃花，就能夠找到好對象，也比較有機會獲得好的姻緣。

另一種是「人緣桃花」，這種桃花代表的是個人與他人之間的交情、友誼。有好的「人緣桃花」，對於人際關係的促進有很大的幫助。對應到日常生活中，如果從事需要密切與人來往的職業，像是業務員、房仲業者、商店販售的店員等，如果能夠適當的增強自己的人緣桃花，對於業績也會有很大的幫助。

未婚者希望有好對象，可以在流年桃花位上放置粉水晶，有助於提升運勢。

在九宮飛星圖中掌管桃花的有一白。根據九宮飛星圖的流年方位，**今年一白星落在西北的位置，因此今年的流年桃花位就在西北方**。如果未婚者希望有好對象，可以在這個位置上放置粉水晶或裝水的容器裡放入粉晶，有助於提升運勢。如果是已婚者希望能讓自己有好人緣，可以擺設紫水晶，會幫助促進人際關係，也會增強判斷力。

另外，九宮飛星中的九紫星，一般認為是能招來喜事、催動姻緣。**今年的九紫星位在中央**，可以在這個方位上擺放在月老廟求得的紅線，可以為感情加分。

⊙桃花位的維護

在桃花位擺放招桃花的物品來催動桃花之後，並不表示就可以安心的不去管它。平時也要特別注意桃花位的維護。

如果桃花位髒亂，或者用來擺垃圾桶，在感情上就會很容易遭小人破壞，導致感情破裂。

如果桃花位上擺放髒衣服或是雜物，代表感情容易有遇人不淑、所遇非人的狀況。因為桃花位上堆滿雜物，象徵著感情的狀況錯綜複雜。

如果桃花位完全的空曠或者過度清潔，也不太好，暗示著感情會一乾二淨，感情上容易有缺口經常沒有對象。桃花位如果沒有要加以運用，也最好是保持整齊、清潔，給予適當的照明，才能避免招來爛桃花，並打壞自己的好人緣。

●流年文昌與催旺法

九宮飛星中掌管考運的文昌位是為四綠星。**今年的四綠星也就是文昌位於南方**，對於學生、考公職的人都可以運用這個位置來催旺運勢。有打算考試或是家中有正在求學的小孩，可以在家中**南方**的位置設置書桌，在文昌位上讀書，將有助於集中精神，提升考運。

另外催旺文昌最常見的方式是點燈，古人用油燈，現代可用檯燈或立燈來代替，在燈上綁上紅布條、紅線或紅繩，不僅對於家裡人的考運能加分，也代表開智慧。也可以運用文昌塔，民間認為文昌塔有貴子之意，就是小孩子考取功名、富貴的意思。但是塔型的高度，應該以奇數為主，一般最高是十三層，可使用五層、七層、九層，越高代表層級越好。在文昌位上也可擺放文房四寶，或者是懸掛文昌筆，以及貼上獨占鰲頭的鰲的圖像或魁星踢斗圖，對於讀書或者是頭腦判斷能力都會有提升。另外也可以擺放紫水晶，可以增強注意力與記憶力，幫助思路清晰，相對的就容易獲得好成績。

如果流年文昌位正好落在廁所的時候，對於判斷分析跟理解能力會有負面影響。建議在廁所內擺放土種黃金葛並且以燈照射，來化解。

正確的書桌擺設，也能幫助提升運氣。書桌或辦公桌最好的擺設方式為：桌面的左邊放置電腦與電話，桌面的右邊則放置文件與文具。這樣的擺放方式能營造出一種安心的氣氛，讓坐在書桌前的人能夠專心的讀書或辦公。

書桌上也可以放置紫水晶，形狀最好是圓形，可以加強思緒清晰。特別要注意的是，像美工刀、剪刀等利器，最好都封好收起來，以免利刃傷害了好機會以及好考運。

在文昌位上可擺放文房四寶，或是懸掛文昌筆，對於讀書或頭腦判斷能力都有提升。

● 流年災病方位與避除法

九宮飛星中有二個要特別注意的星宿，分別為二黑與五黃，是要特別注意防範的方位。

其中二黑代表了「巨門星」，主「身心病痛」，民俗上也代表病符的位置，**今年剛好落在正西方**，因此在居家流年風水中，要特別注意的便是避免在這個方位睡覺，以防容易生病，如果房間在這方位者，在這年最好能換房睡覺，也建議在這個方位上擺放龜殼、葫蘆或者是千鶴圖，對於健康方面有加分的效果，不過，要記住千鶴圖千萬不能放上面有畫太陽的，因為那意味著日落西山、駕鶴西歸，要注意。

五黃則代表了「廉貞星」，**今年落在正北方**，主的是「災病凶煞」，是可能會帶來災難病痛的凶星，而且通常是指關於血光的部分，容易受傷、開刀或者有意外傷害。最忌諱的就是動土，因此在居家流年風水中，要特別注意的便是避免在這個方位動土，不管是裝潢、油漆、修改隔間……等，最好都能先**避開正北方**，並延到明年後再行施工，也要避免在此方位睡覺。

要注意的是，**如果居家外面、對面跟正北方的方位，如果剛好有人動土，家中也會受到五黃煞氣的影響**，一般來說，可以在面對動工的方位

如果五黃方位上正好有人動工，可擺放龜殼來化解五黃煞氣。

上，擺放龜殼來化解。

此外，位於**東北方的三碧木**，一般來說會帶來官非跟盜賊的影響，也盡量不在這個方位動土。**位於正東方的七赤金**，代表破軍星，是盜賊之星，通常在這個方位動工或裝潢，意味著容易遭小偷，也要盡量避免。

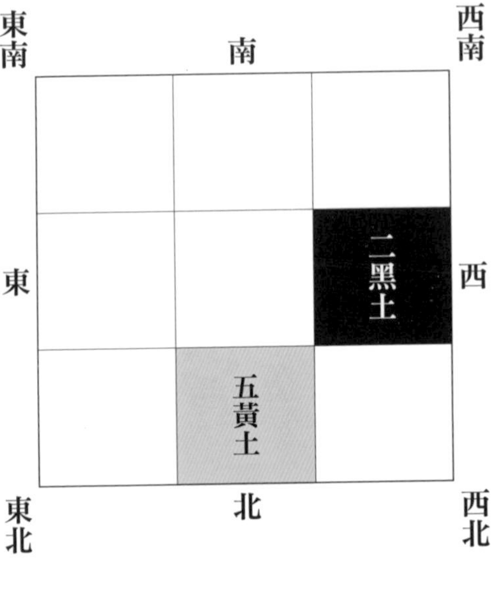

二〇一八戊戌年九宮方位應用圖

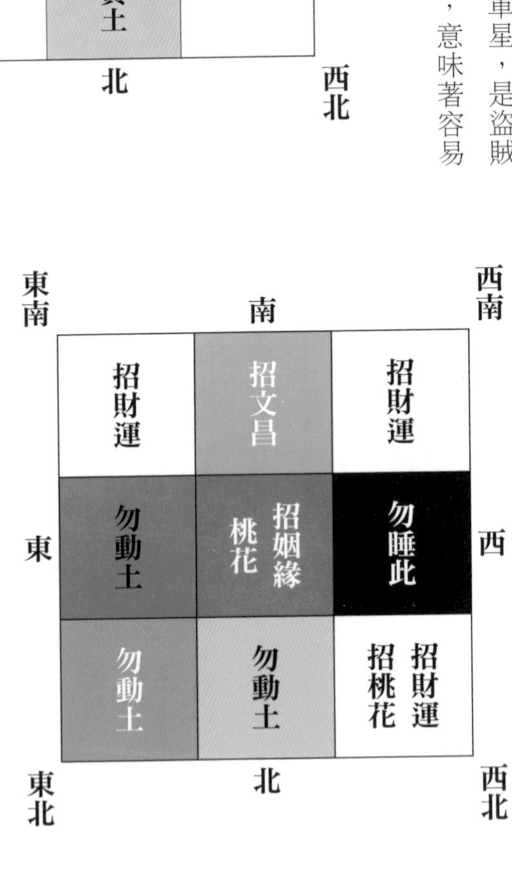

● 今年的太歲方

今年太歲方在戌方（西北方），而今年歲破方則在太歲方對面的辰方（東南方）。

我們常聽人說的「太歲頭上動土」，代表一個人不知好歹，做了不該做的事，惹了不該惹的人，因此準備要倒大楣了。其由來便是民俗上認為每年的太歲星君，都會固定降臨在家中的某個方位（例如**今年是戌方**），那個方位在今年中，便會成為太歲星君的「專屬方位」。因此如果在這個方位動土，就好像打擾到了太歲星君，可能會使得太歲星君不高興，住家運勢自然可能因而下降。另外要注意的是，歲破方也不能動土。

今年的太歲星君為「姜武星君」。

戊戌年命名大全

姓名學概述

漢字是相當獨特的一種文字，與西方字母不同，漢字是由一筆一畫構成的方塊文字。一個方塊字裡頭，不僅有「象」、有「數」、有「音」也有「義」，亦即《說文解字》提到的：「象形、指事、會意、形聲、轉注、假借。」

從姓名學的角度來說，八字走的是先天命，名字走的是後天運。漢字中的每一個部分都與陰陽五行有所呼應。所以在中國古代，人們便會利用漢字來占卜吉凶禍福，可見漢字不只是單純的文字，更包含著無數的資訊與深意。因此運用在名字上面，對於一個人的影響之大，就不得不謹慎。名字的好壞，關係一個人一生的事業、婚姻、健康乃至親子關係的優劣。

傳統姓名學認為姓名的組合，要考慮許多面向，包括字義、屬性組合、三才、五行、筆劃、生肖、甲骨、八字……要判斷一個人的姓名是否適合，對運勢是否有加分，有兩個重要的步驟：

1 先排出正確的姓名筆劃。

2 針對人格、地格、外格、總格的筆劃來判斷。

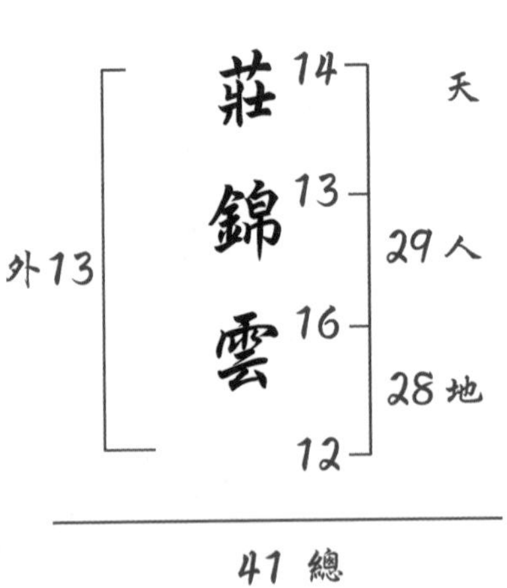

戊戌年出生者命名注意事項

●適合的部首

「丙」「丁」「戊」「己」的部首

今年是戊戌年，天干戊屬土，所以如果配上同樣屬土的「戊」、「己」能夠助旺本命星，「戊」代表高山的土，「己」代表田園的土，姓名中如果有這兩個部首，都會加分。另外，五行上來說，因為火生土，使用含有「丙」、「丁」部首的字，像是「亭」、「婷」等，則會加分更多。

「寅」「虎」「馬」「午」「兔」「卯」的部首

今年是戊戌年，地支屬戌，生肖為狗。根據生肖來看，以形成三合格局者為最佳，因此姓名中有「寅」、「虎」、「馬」、「午」這些部首都能加分，「寅」字頭如「演」，「虎」字頭如「蘆」、「處」，「馬」的用字，像是「馳」，「午」的用字如「許」、「竿」等，都合用，都能帶來貴人與財運。六合的部分為「兔」、「卯」也是會加分的用字，如「逸」、「兔」，或「柳」、「茆」等。

「魚」「豆」「米」的部首

魚、豆、米都是狗的主要糧食，用在姓名上加分最多，代表有食有祿，衣食無缺，有名有利。

「宀」「冖」「八」的部首

寶蓋（宀）代表住家，斜蓋（八）代表倉庫，這些部首都是指居住環境。對屬狗者來說，不管是倉庫或者住家裡，都表示能擁有良好的生活環境，有遮風避雨的地方，用在姓名上可以加分。

「金」「玉」「木」「艸」「氵」的部首

這幾個部首對於屬狗者而言，表示智勇雙全、判斷能力佳，屬狗的人使用在姓名上會有加分。

「田」「禾」「月」「人」的部首

「田」代表有東西吃、「禾」是五穀雜糧、「月」（肉）為食物，這幾個部首對屬狗的人而言，代表食物本身或食物的來源，都適合使用。另外，因為狗與人親近，使用「人」字旁的字也會加分。

●不適合的部首

「甲」「乙」「壬」「癸」的部首

今年的天干為戊，戊屬土，五行上來說木剋土、土剋水。甲、乙屬木，所以天干中的甲、乙部首的字都不適用。壬、癸屬水，相剋性雖然沒有甲、乙來得重，但基本上也不適合使用。

「羊」「未」「龍」「辰」「隹」「酉」「牛」「丑」的部首

今年的地支為戌，傳統上認為生肖之間有刑、沖、破、害的關係，取名也要避開。十二生肖中，狗與羊形成刑、破格局，所以「羊」、「未」影響最大，如「義」、「美」、「養」、「妹」等，減分最多。狗與龍形成相沖的格局，命名要避免使用「龍」或「辰」兩字，或是字形相關的，例如「晨」也會受影響。狗與雞形成相害格局，所謂「金雞遇犬淚雙流」、「六害主損財」，所以「雞」、「酉」避免使用，「雞」字頭例如「溪」、「奚」、「隹」、「難」、「醒」、「酒」等。狗與牛相刑，代表容易有摩擦，因此像「牛」、「丑」類的，如「牧」、「皓」、「紐」、「鈕」等字也要避免使用。

「車」「刀」「攵」的部首

這幾個字，對屬狗者而言，暗示容易有血光或意外，身體容易受影響，避免使用。

「酉」「隹」「言」的部首

這幾個字由於帶有生肖上的沖煞格局，也不適合，其中「言」這個部首，帶有龍的意思，而龍跟狗不合，屬正沖，故避免使用。

「火」「日」的部首

狗忌火，「火」、「日」都屬火。因狗不耐熱，代表容易生病，也會影響到婚姻。

「石」「扌」「糸」的部首

石頭有砸狗的意思，「扌」代表傷害，暗示做事不順利，多刑剋。「糸」則有綁住、限制的意思。都應該避免使用。

「彳」的部首

因為狗忠心不事二主，屬狗者如取雙人旁用字，例如「德」字，暗示婚姻感情上容易有問題。另外，雖然民間有「打落水狗」而不能取「氵」（水字旁）的說法，但就姓名學而言，「氵」其實是加分，並無忌諱。

男生

二月生　犯重婚帶桃花，會有過兩次以上的婚姻、取名的第二個字要針對婚姻感情要取相合的部首，也不要9、10、19、20畫的字，易有桃花煞，也要避免28、34畫的。

四月生　帶鐵掃把兼亡神，不適合入贅、住女方家。

六月生　破月，也是不適合入贅、住女方家。

十月生　孤獨格，性格上孤僻內向。

女生

二月生　帶桃花，感情上比較豐富，或是可以靠外貌生財，但要避免變成桃花煞。

三月生　破月兼再嫁，脾氣可能不好，婚姻上比較會有影響。

六月生　帶亡神煞兼寡宿，較有孤寂之命，偏向修行，或是可能婚姻聚少離多。

七月生　帶鐵掃把，不適合住男方家。

姓名八十一數吉凶靈動表

筆劃數	吉凶	詩評
一劃	吉	大展鴻圖，信用得固，無遠弗屆，可獲成功。
二劃	凶	根基不固，搖搖欲墜，一盛一衰，勞而無功。
三劃	吉	根深蒂固，蒸蒸日上，如意吉祥，百事順遂。
四劃	凶	坎坷前途，苦難折磨，非有毅力，難望成功。
五劃	吉	陰陽和合，生意興隆，名利雙收，後福重重。
六劃	吉	萬寶雲集，天降幸運，立志奮發，可成大功。
七劃	吉	專心經營，和氣致祥，排除萬難，必獲成功。
八劃	吉	努力發達，貫徹志望，不忘進退，成功可期。
九劃	凶	雖抱奇才，有才無命，獨營無力，財力難望。
十劃	凶	烏雲遮月，暗淡無光，空費心力，徒勞無功。
十一劃	吉	草木逢春，枯葉沾露，穩健著實，必得人望。
十二劃	凶	薄弱無力，孤立無搖，外祥內苦，謀事難成。
十三劃	吉	天賦吉運，能得人望，善用智慧，必獲成功。
十四劃	大凶	忍得苦難，必有後福，是成是敗，惟靠堅毅。
十五劃	吉	謙恭做事，外得人和，大事成就，一定興隆。
十六劃	吉	能獲眾望，成就大業，名利雙收，盟主四方。
十七劃	吉	排除萬難，有貴人助，把握時機，可得成功。
十八劃	吉	經商做事，順利昌隆，如能愼始，百事亨通。

十九劃	大凶	成功雖早，慎防空虧，內外不合，障礙重重。
二十劃	大凶	智高志大，歷盡艱難，焦心憂勞，進退兩難。
二十一劃	吉	專心經營，善用智慧，霜雪梅花，春來怒放。
二十二劃	凶	秋草逢霜，懷才不遇，憂愁怨苦，事不如意。
二十三劃	吉	旭日昇天，名顯四方，漸次進展，終成大業。
二十四劃	吉	錦繡前程，須靠自力，多用智謀，能奏大功。
二十五劃	吉	天時地利，再得人和，講信修睦，即可成功。
二十六劃	凶	波瀾起伏，千變萬化，凌駕萬難，必可成功。
二十七劃	凶帶吉	一成一敗，一盛一衰，惟靠謹慎，可守成功。
二十八劃	大凶	魚臨旱地，難逃惡運，此數大凶，不如更名。
二十九劃	吉	如龍得雲，青雲直上，智謀奮進，才略奏功。

三十劃	凶	吉凶參半，得失相伴，投機取巧，如賽一樣。
三十一劃	吉	此數大吉，名利雙收，漸進向上，大業成就。
三十二劃	吉	池中之龍，風雲際會，一躍上天，成功可望。
三十三劃	吉	不可意氣，善用智慧，如能慎始，必可昌隆。
三十四劃	大凶	災難不絕，難望成功，此數大凶，不如更名。
三十五劃	吉	中吉之數，進退保守，生意安穩，成就可期。
三十六劃	凶	波瀾重疊，常陷窮困，動不如靜，有才無命。
三十七劃	吉	逢凶化吉，吉人天相，風調雨順，生意興隆。
三十八劃	凶帶吉	名雖可得，利則難獲，藝界發展，可望成功。
三十九劃	吉	雲開見月，雖有勞碌，光明坦途，指日可期。
四十劃	吉帶凶	一盛一衰，浮沉不定，知難而退，自獲天佑。

筆劃數	吉凶	詩評
四十一劃	吉	天賦吉運，德望兼備，繼續努力，前途無限。
四十二劃	吉帶凶	事業不專，十九不成，專心進取，可望成功。
四十三劃	吉帶凶	雨夜之花，外祥內苦，忍耐自重，轉凶為吉。
四十四劃	凶	雖用心計，事難遂願，貪功好進，必招失敗。
四十五劃	吉	楊柳遇春，綠葉發枝，衝破難關，一舉成名。
四十六劃	凶	坎坷不平，艱難重重，若無耐心，難望有成。
四十七劃	吉	有貴人助，可成大業，圓滿無疑，福及子孫。
四十八劃	吉	美化豐實，鶴立雞群，名利俱全，繁榮富貴。
四十九劃	凶	遇吉則吉，遇凶則凶，惟靠謹慎，逢凶化吉。
五十劃	吉帶凶	吉凶互見，一成一敗，凶中有吉，吉中有凶。

筆劃數	吉凶	詩評
五十一劃	吉帶凶	一盛一衰，沉浮不常，自重自處，可保平安。
五十二劃	吉	草木逢春，枯葉沾露，福自天降，財源廣進。
五十三劃	吉帶凶	盛衰參半，外祥內苦，先吉後凶，先凶後吉。
五十四劃	大凶	雖傾全力，難望成功，此數大凶，最好改名。
五十五劃	吉帶凶	外觀隆昌，內隱禍患，克服難關，開出泰運。
五十六劃	凶	事與願違，終難成功，欲速不達，有始無終。
五十七劃	吉	努力經營，時來運轉，曠野枯草，春來花開。
五十八劃	凶帶吉	半凶半吉，沉浮多端，始凶終吉，能保成功。
五十九劃	凶	遇事猶疑，難望成事，大刀闊斧，始可有成。
六十劃	凶	黑暗無光，心迷意亂，出爾反爾，難定方針。

劃數	吉凶	說明
六十一劃	吉帶凶	雲遮半月，百隱風波，應自謹慎，始保平安。
六十二劃	凶	煩悶懊惱，事事難展，自防災禍，始免困境。
六十三劃	吉	萬物化育，繁榮之象，專心一意，必能成功。
六十四劃	凶	見異思遷，十九不成，徒勞無功，不如更名。
六十五劃	吉	吉運自來，能享盛名，把握機會，必獲成功。
六十六劃	凶	黑夜漫長，進退維谷，內外不和，信用缺乏。
六十七劃	吉	時來運轉，事事如意，功成名就，富貴自來。
六十八劃	吉	思慮周詳，計畫力行，不失先機，可望成功。
六十九劃	凶	動搖不安，常陷逆境，不得時運，難得利潤。
七十劃	凶	慘淡經營，難免貧困，此數不吉，最好改名。
七十一劃	吉帶凶	吉凶參半，惟賴勇氣，貫徹力行，始可成功。

劃數	吉凶	說明
七十二劃	凶	利害混集，凶多吉少，得而復失，難以安順。
七十三劃	吉	安樂自來，自然吉祥，力行不懈，終必成功。
七十四劃	凶	利不及費，坐食山空，如無智謀，難望成功。
七十五劃	吉帶凶	吉中帶凶，欲速不達，進不如守，可保安祥。
七十六劃	大凶	此數大凶，破產之象，宜速改名，以避厄運。
七十七劃	吉帶凶	先苦後甘，先甘後苦，如能守成，不致失敗。
七十八劃	吉帶凶	有得有失，華而不實，須防劫財，始保平安。
七十九劃	凶	如走夜路，前途無光，希望不大，勞而無功。
八十劃	吉帶凶	得而復失，枉費心機，守成無貪，可保安穩。
八十一劃	吉	最極之數，還本歸元，能得繁榮，發達成功。

戊戌年出生者適合職業解析

傳統的風水觀念中，認為這世界上的萬物都是由「金木水火土」所構成，這五行的「相生」、「相剋」，構成了萬物的變化。五行對照的不僅是天上的星辰與地上的物質，在傳統風水觀念中，方位、數字、顏色、時間、乃至人體構造與職業，都有各自的五行屬性。

在「五行」的觀念中，每個人也有各自的「五行屬性」，一旦了解所屬的五行，便可知道自己目前所從事的學習或職業，是不是符合本身的屬性，也可以依此作為對於未來規劃的參考。

對於家長來說，找出小孩子的性向往往是困難的一件事，如果能夠從小就找出適合孩子發展的方向，並適切的輔助引導孩子，對於孩子日後的學習或是就業都容易產生加分的作用。

簡單的說，在一開始挑選科系或職業上，如果能夠依照「五行相生」的原則，避開相剋的情形，不僅讀書與工作能事半功倍，也比較容易獲得好的發展與機會。如果正處於人生的十字路口，也可以依此原則來看看是否需要轉換跑道。

讀者可從下頁之「戊戌年曆」中找出出生時的「干支日」，再依據「日干與五行對照」，便能推算出今年出生之人所代表之「易經卦象」。

而在「適合職業」的判定上，則須同時將「出生季節」考慮進去，對出生季節的判定，是以農民曆中的「節氣」為基準。將一年以「立春」、「立夏」、「立秋」、「立冬」這四個日子區分為春夏秋冬四個季節，在「立夏」後、「立秋」前出生者，其出生季節即為「夏」。

出生日期與易經卦象對照表

出生日期	日干甲、乙	日干丙、丁	日干戊、己	日干庚、辛	日干壬、癸
易經卦象	木	火	土	金	水

若是出生於交節氣的當天又怎麼計算呢？事實上「交節氣」是指太陽在某個時點開始走入下一個節氣，所以是以「某日某時」為時間點，過了交節氣該日的該時辰之後，才轉為下一個季節。

而同一屬性，出生季節卻不同的人，在特性上便會有所不同。例如：「火」可以代表火焰，夏天已為躁熱的天氣型態，此時若再不小心火燭，恐因「木」材助燃而釀成火災。因此「夏月之火」便不適合「木」。但如果是「冬月之火」，由於「火」在寒冷的冬日裡顯得微弱，不容易燃燒起來，若是加了「木」材就能燃燒得更旺，藉以取暖過冬。所以季節與屬性的搭配十分重要。

找出孩子所屬的「四時屬性」後，便可以對照「出生季節卦象與適合職業對照表」，找出最適合的職業屬性，再從下面的「五行職業列表」中，就可以找到最適合孩子的發展方向了。

●屬金性行業

與金（金屬、工具、金錢）相關行業：

金銀珠寶業經銷販售、金屬業、貴金屬；五金礦業、冶金、工程、開礦、伐木、刀模、機械、兵工廠、機車行、汽車維修、鎖匙行、修鞋、五金行、武術、音響店、手機行、鐘錶行、眼鏡行、玻璃明鏡店、鋁門窗製作、獎牌徽章店、電器經銷販售、電子器材經銷販售；金融、貿易、經濟、會計、銀行、證券、基金會、彩券行、租車行、網咖、電腦美工設計、動畫師、電話交友、打字員。

屬堅硬性、主動性、主宰性之行業：

軍人、警察、保全、大樓管理員、警衛、討債公司、催帳員、徵信社、外勤公務員、運動、科學、科技、大法官、民意代表、交通事業、司機、鑑定業。

●屬木性行業

與木（木材、紙筆布料、藥材）相關行業：

木材、林業、木工、傢俱、裝潢、木器製造業、特殊動植物生長之學者、植物栽種實驗人員、種植花草樹果業、茶葉種植販售；造紙、纖維、紡織、文具行、影印店、出版社、文藝界、文化事業編輯、作家、校稿員、內勤公務人員、司法警政人員、保健醫療器材、保健衛生、健康食品、醫生、藥劑師、護士、按摩師。

屬心靈導引、潛移默化之行業：

僧侶、教授、教師、心理醫師、命理師、舞蹈老師、比丘、比丘尼。

●屬水性行業

與水（水、海河、冰）相關行業：

水利、航海業、消防業、溫泉業、酒類經銷販售、醬油、浴室、清潔人員；釣具、泳具、水產、漁貨、船員、漁具相關行業；冷飲業、冷凍。冷藏食品、日本料理、飲茶室、冰果室、冷氣。

屬流動性之行業：

流動性之攤販、外交人員、業務人員、仲介、旅遊業、玩具販售、魔術師、特技人員、特殊表演業、遊樂場、電影院、搬家業、送報員、派報員、送羊牛奶員、跑單幫、市調人員（問卷訪問、計次人員）、空勤人員、記者、偵探、演藝業、服務業（餐廳、飲食店、喫茶店、酒家、酒吧、接待業、旅館）、

劇團、自由業、行銷企畫人員、研究、調查、分析。

●屬火性行業

與火（火、光、熱、電）相關行業：

冶金、化學、瓦斯、高溫物品、高溫餐飲業廚師、外燴廚師、食品業；照明設備、放映師、錄音師、攝影師、相片館、攝影器材販售、製片業、燈光師；手工藝品、機械加工、食物模型製作、陶瓷製造、工藝、玩具製造、理燙髮業、美容瘦身、修護業、印製業、油品、酒類釀造、汽鍋、暖氣；電氣（發電、機具、工廠）。

具影響性之行業：

評論家、心理學家、演說家、文學（文學研究出版經銷、語文學）、排版、雜誌、新聞、傳播媒體、廣告業、舞台燈光音響、招牌、法律、繪畫、樂器、地毯、窗簾、服飾、衣帽、服裝設計、圖案、裝飾、美工、美容、美術、化妝、美容業、登山用品、玩具槍店、百貨業、十元商店、雕刻、古董。

●屬土性行業

與土（土地、土木）相關行業：

畜牧業、蔬果販賣商、農畜百業、農業、林業、園藝、礦業、運輸、倉儲、房地產買賣、當舖、古董家、鑑定師、仲介業、代書、律師、法官、管理、設計、顧問、秘書、會計人員、會計師；水泥業、建築業（木工、水泥工、粗工）、垃圾場、停車場、水晶販售、陶瓷、碗盤販售、防水事業、製糊業。

與喪葬有關行業：

葬儀社、靈骨塔、宗教人員、以及所有宗教行業包括金燭店、車鼓陣、誦經團。

戊戌年年曆

107 年 2 月		107 年 1 月		國曆
正月小		十二月大		農曆
甲寅		癸丑		干支
2 月 19 日 雨水丑時 1 時 18 分	2 月 4 日 立春卯時 5 時 28 分	1 月 20 日 大寒午時 11 時 09 分	1 月 5 日 小寒酉時 17 時 49 分	節氣 （國曆）
干支	農曆十二月	干支	農曆十一 月	國曆
甲子	十六	癸巳	十五	1
乙丑	十七	甲午	十六	2
丙寅	十八	乙未	十七	3
丁卯	十九	丙申	十八	4
戊辰	二十	丁酉	十九	5
己巳	廿一	戊戌	二十	6
庚午	廿二	己亥	廿一	7
辛未	廿三	庚子	廿二	8
壬申	廿四	辛丑	廿三	9
癸酉	廿五	壬寅	廿四	10
甲戌	廿六	癸卯	廿五	11
乙亥	廿七	甲辰	廿六	12
丙子	廿八	乙巳	廿七	13
丁丑	廿九	丙午	廿八	14
戊寅	三十	丁未	廿九	15
己卯	正月	戊申	三十	16
庚辰	初二	己酉	十二月	17
辛巳	初三	庚戌	初二	18
壬午	初四	辛亥	初三	19
癸未	初五	壬子	初四	20
甲申	初六	癸丑	初五	21
乙酉	初七	甲寅	初六	22
丙戌	初八	乙卯	初七	23
丁亥	初九	丙辰	初八	24
戊子	初十	丁巳	初九	25
己丑	十一	戊午	初十	26
庚寅	十二	己未	十一	27
辛卯	十三	庚申	十二	28
		辛酉	十三	29
		壬戌	十四	30
		癸亥	十五	31

戊戌年年曆

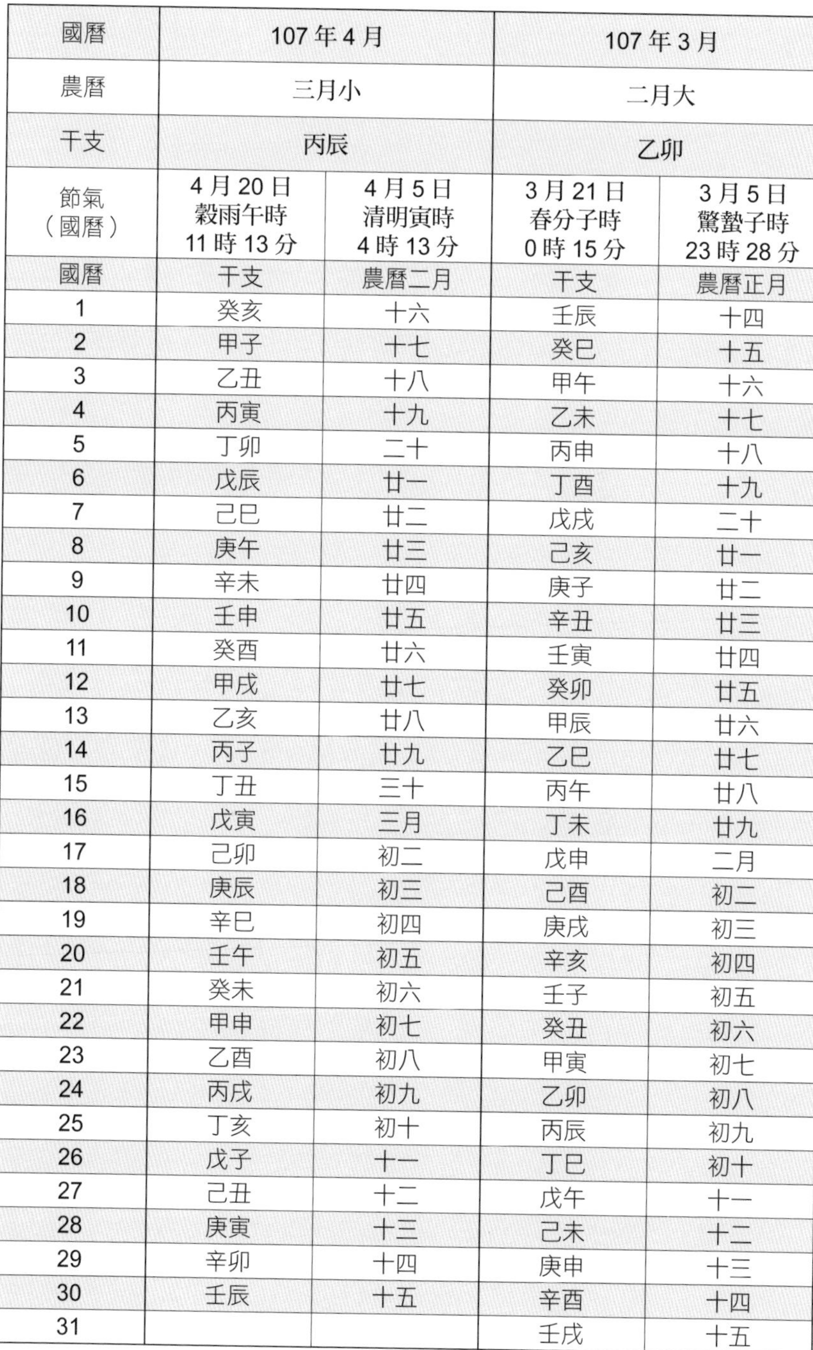

國曆	107 年 4 月		107 年 3 月	
農曆	三月小		二月大	
干支	丙辰		乙卯	
節氣（國曆）	4 月 20 日 穀雨午時 11 時 13 分	4 月 5 日 清明寅時 4 時 13 分	3 月 21 日 春分子時 0 時 15 分	3 月 5 日 驚蟄子時 23 時 28 分
國曆	干支	農曆二月	干支	農曆正月
1	癸亥	十六	壬辰	十四
2	甲子	十七	癸巳	十五
3	乙丑	十八	甲午	十六
4	丙寅	十九	乙未	十七
5	丁卯	二十	丙申	十八
6	戊辰	廿一	丁酉	十九
7	己巳	廿二	戊戌	二十
8	庚午	廿三	己亥	廿一
9	辛未	廿四	庚子	廿二
10	壬申	廿五	辛丑	廿三
11	癸酉	廿六	壬寅	廿四
12	甲戌	廿七	癸卯	廿五
13	乙亥	廿八	甲辰	廿六
14	丙子	廿九	乙巳	廿七
15	丁丑	三十	丙午	廿八
16	戊寅	三月	丁未	廿九
17	己卯	初二	戊申	二月
18	庚辰	初三	己酉	初二
19	辛巳	初四	庚戌	初三
20	壬午	初五	辛亥	初四
21	癸未	初六	壬子	初五
22	甲申	初七	癸丑	初六
23	乙酉	初八	甲寅	初七
24	丙戌	初九	乙卯	初八
25	丁亥	初十	丙辰	初九
26	戊子	十一	丁巳	初十
27	己丑	十二	戊午	十一
28	庚寅	十三	己未	十二
29	辛卯	十四	庚申	十三
30	壬辰	十五	辛酉	十四
31			壬戌	十五

戊戌年年曆

107 年 6 月		107 年 5 月		國曆
五月小		四月大		農曆
戊午		丁巳		干支
6 月 21 日 夏至酉時 18 時 07 分	6 月 6 日 芒種丑時 1 時 29 分	5 月 21 日 小滿巳時 10 時 15 分	5 月 5 日 立夏亥時 21 時 25 分	節氣 （國曆）
干支	農曆四月	干支	農曆三月	國曆
甲子	十八	癸巳	十六	1
乙丑	十九	甲午	十七	2
丙寅	二十	乙未	十八	3
丁卯	廿一	丙申	十九	4
戊辰	廿二	丁酉	二十	5
己巳	廿三	戊戌	廿一	6
庚午	廿四	己亥	廿二	7
辛未	廿五	庚子	廿三	8
壬申	廿六	辛丑	廿四	9
癸酉	廿七	壬寅	廿五	10
甲戌	廿八	癸卯	廿六	11
乙亥	廿九	甲辰	廿七	12
丙子	三十	乙巳	廿八	13
丁丑	五月	丙午	廿九	14
戊寅	初二	丁未	四月	15
己卯	初三	戊申	初二	16
庚辰	初四	己酉	初三	17
辛巳	初五	庚戌	初四	18
壬午	初六	辛亥	初五	19
癸未	初七	壬子	初六	20
甲申	初八	癸丑	初七	21
乙酉	初九	甲寅	初八	22
丙戌	初十	乙卯	初九	23
丁亥	十一	丙辰	初十	24
戊子	十二	丁巳	十一	25
己丑	十三	戊午	十二	26
庚寅	十四	己未	十三	27
辛卯	十五	庚申	十四	28
壬辰	十六	辛酉	十五	29
癸巳	十七	壬戌	十六	30
		癸亥	十七	31

戊戌年年曆

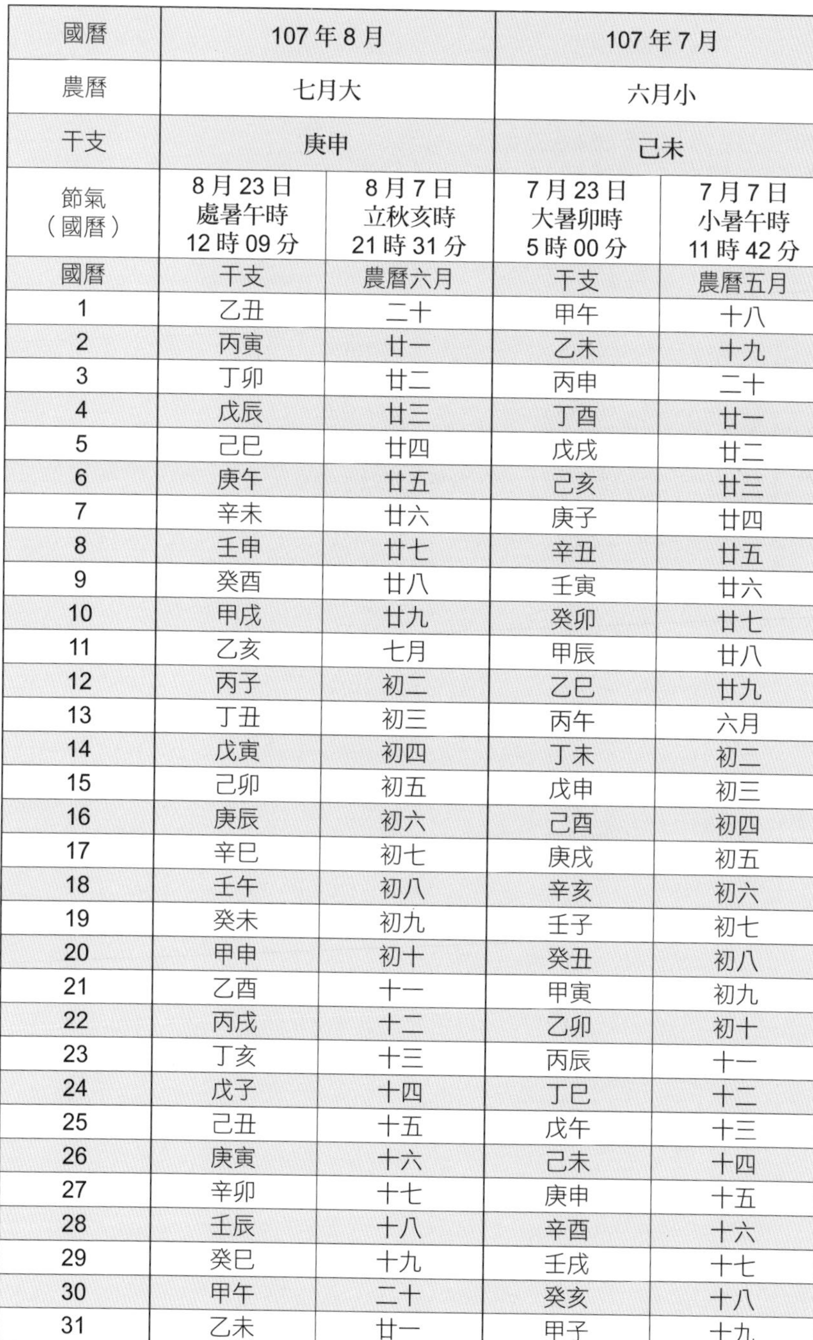

國曆	107 年 8 月		107 年 7 月	
農曆	七月大		六月小	
干支	庚申		己未	
節氣（國曆）	8 月 23 日 處暑午時 12 時 09 分	8 月 7 日 立秋亥時 21 時 31 分	7 月 23 日 大暑卯時 5 時 00 分	7 月 7 日 小暑午時 11 時 42 分
國曆	干支	農曆六月	干支	農曆五月
1	乙丑	二十	甲午	十八
2	丙寅	廿一	乙未	十九
3	丁卯	廿二	丙申	二十
4	戊辰	廿三	丁酉	廿一
5	己巳	廿四	戊戌	廿二
6	庚午	廿五	己亥	廿三
7	辛未	廿六	庚子	廿四
8	壬申	廿七	辛丑	廿五
9	癸酉	廿八	壬寅	廿六
10	甲戌	廿九	癸卯	廿七
11	乙亥	七月	甲辰	廿八
12	丙子	初二	乙巳	廿九
13	丁丑	初三	丙午	六月
14	戊寅	初四	丁未	初二
15	己卯	初五	戊申	初三
16	庚辰	初六	己酉	初四
17	辛巳	初七	庚戌	初五
18	壬午	初八	辛亥	初六
19	癸未	初九	壬子	初七
20	甲申	初十	癸丑	初八
21	乙酉	十一	甲寅	初九
22	丙戌	十二	乙卯	初十
23	丁亥	十三	丙辰	十一
24	戊子	十四	丁巳	十二
25	己丑	十五	戊午	十三
26	庚寅	十六	己未	十四
27	辛卯	十七	庚申	十五
28	壬辰	十八	辛酉	十六
29	癸巳	十九	壬戌	十七
30	甲午	二十	癸亥	十八
31	乙未	廿一	甲子	十九

戊戌年年曆

107 年 10 月		107 年 9 月		國曆
九月大		八月小		農曆
壬戌		辛酉		干支
10 月 23 日 霜降戌時 19 時 22 分	10 月 8 日 寒露申時 16 時 15 分	9 月 23 日 秋分巳時 9 時 54 分	9 月 8 日 白露子時 0 時 30 分	節氣 （國曆）
干支	農曆八月	干支	農曆七月	國曆
丙寅	廿二	丙申	廿二	1
丁卯	廿三	丁酉	廿三	2
戊辰	廿四	戊戌	廿四	3
己巳	廿五	己亥	廿五	4
庚午	廿六	庚子	廿六	5
辛未	廿七	辛丑	廿七	6
壬申	廿八	壬寅	廿八	7
癸酉	廿九	癸卯	廿九	8
甲戌	九月	甲辰	三十	9
乙亥	初二	乙巳	八月	10
丙子	初三	丙午	初二	11
丁丑	初四	丁未	初三	12
戊寅	初五	戊申	初四	13
己卯	初六	己酉	初五	14
庚辰	初七	庚戌	初六	15
辛巳	初八	辛亥	初七	16
壬午	初九	壬子	初八	17
癸未	初十	癸丑	初九	18
甲申	十一	甲寅	初十	19
乙酉	十二	乙卯	十一	20
丙戌	十三	丙辰	十二	21
丁亥	十四	丁巳	十三	22
戊子	十五	戊午	十四	23
己丑	十六	己未	十五	24
庚寅	十七	庚申	十六	25
辛卯	十八	辛酉	十七	26
壬辰	十九	壬戌	十八	27
癸巳	二十	癸亥	十九	28
甲午	廿一	甲子	二十	29
乙未	廿二	乙丑	廿一	30
丙申	廿三			31

戊戌年年曆

國曆	107 年 12 月		107 年 11 月	
農曆	十一月大		十月小	
干支	甲子		癸亥	
節氣（國曆）	12 月 22 日 冬至卯時 6 時 23 分	12 月 7 日 大雪午時 12 時 26 分	11 月 22 日 小雪酉時 17 時 01 分	11 月 7 日 立冬戌時 19 時 32 分
國曆	干支	農曆十月	干支	農曆九月
1	丁卯	廿四	丁酉	廿四
2	戊辰	廿五	戊戌	廿五
3	己巳	廿六	己亥	廿六
4	庚午	廿七	庚子	廿七
5	辛未	廿八	辛丑	廿八
6	壬申	廿九	壬寅	廿九
7	癸酉	十一月	癸卯	三十
8	甲戌	初二	甲辰	十月
9	乙亥	初三	乙巳	初二
10	丙子	初四	丙午	初三
11	丁丑	初五	丁未	初四
12	戊寅	初六	戊申	初五
13	己卯	初七	己酉	初六
14	庚辰	初八	庚戌	初七
15	辛巳	初九	辛亥	初八
16	壬午	初十	壬子	初九
17	癸未	十一	癸丑	初十
18	甲申	十二	甲寅	十一
19	乙酉	十三	乙卯	十二
20	丙戌	十四	丙辰	十三
21	丁亥	十五	丁巳	十四
22	戊子	十六	戊午	十五
23	己丑	十七	己未	十六
24	庚寅	十八	庚申	十七
25	辛卯	十九	辛酉	十八
26	壬辰	二十	壬戌	十九
27	癸巳	廿一	癸亥	二十
28	甲午	廿二	甲子	廿一
29	乙未	廿三	乙丑	廿二
30	丙申	廿四	丙寅	廿三
31	丁酉	廿五		

戊戌年年曆

108 年 2 月		108 年 1 月		國曆
正月大		十二月大		農曆
丙寅		乙丑		干支
2 月 19 日 雨水辰時 7 時 04 分	2 月 4 日 立春午時 11 時 14 分	1 月 20 日 大寒酉時 17 時 00 分	1 月 5 日 小寒子時 23 時 39 分	節氣 （國曆）
干支	農曆十二月	干支	農曆十一 月	國曆
己巳	廿七	戊戌	廿六	1
庚午	廿八	己亥	廿七	2
辛未	廿九	庚子	廿八	3
壬申	三十	辛丑	廿九	4
癸酉	正月	壬寅	三十	5
甲戌	初二	癸卯	十二月	6
乙亥	初三	甲辰	初二	7
丙子	初四	乙巳	初三	8
丁丑	初五	丙午	初四	9
戊寅	初六	丁未	初五	10
己卯	初七	戊申	初六	11
庚辰	初八	己酉	初七	12
辛巳	初九	庚戌	初八	13
壬午	初十	辛亥	初九	14
癸未	十一	壬子	初十	15
甲申	十二	癸丑	十一	16
乙酉	十三	甲寅	十二	17
丙戌	十四	乙卯	十三	18
丁亥	十五	丙辰	十四	19
戊子	十六	丁巳	十五	20
己丑	十七	戊午	十六	21
庚寅	十八	己未	十七	22
辛卯	十九	庚申	十八	23
壬辰	二十	辛酉	十九	24
癸巳	廿一	壬戌	二十	25
甲午	廿二	癸亥	廿一	26
乙未	廿三	甲子	廿二	27
丙申	廿四	乙丑	廿三	28
		丙寅	廿四	29
		丁卯	廿五	30
		戊辰	廿六	31

日干甲乙（木）					
出生日＼職業屬性	金	木	水	火	土
春月之木	可	良	劣	優	差
夏月之木	可	差	優	劣	良
秋月之木	良	可	劣	優	差
冬月之木	差	可	劣	優	良
日干丙丁（火）					
出生日＼職業屬性	金	木	水	火	土
春月之火	優	可	劣	良	差
夏月之火	可	劣	優	差	可
秋月之火	差	優	劣	良	可
冬月之火	差	優	劣	良	可
日干戊己（土）					
出生日＼職業屬性	金	木	水	火	土
春月之土	差	劣	可	優	良
夏月之土	可	良	優	劣	差
秋月之土	劣	優	差	良	可
冬月之土	差	良	優	可	劣
日干庚辛（金）					
出生日＼職業屬性	金	木	水	火	土
春月之金	良	差	劣	可	優
夏月之金	優	差	良	劣	可
秋月之金	劣	良	優	可	差
冬月之金	良	差	劣	可	優
日干壬癸（水）					
出生日＼職業屬性	金	木	水	火	土
春月之水	差	優	劣	可	良
夏月之水	良	劣	優	差	可
秋月之水	優	可	差	良	劣
冬月之水	差	良	劣	優	可

招財補運 DIY

求職不求人，提升運勢好運來

不論是剛出社會的新鮮人想要找份好工作，或者在職場上身經百戰的老鳥，想要尋找有更好發展的職場，求職都是一個高度競爭的事件。如何在眾多求職者裡，讓自己被看見、受到青睞，進而獲得錄用，除了平常就要累積自己的實力、求職時好好表現之外，在傳統民俗上也有一些方法，可以提升你的求職運，增加你的成功機率喔。

●求職前的準備

大部分的人一生之中都會遇到需要求職的時候。有一些人很早就立定志向，很清楚的知道自己想要找哪一個類型的工作，或許是跟所學有關，或許是依照興趣來決定。也有一些人，做了幾年的工作，總覺得那個工作的性質好像跟自己不合，或者做起來總是事倍功半，很辛苦。有更多的人並不確定自己想要找什麼樣的工作，沒有方向。

不管你是哪一類的人，在民俗上，有一個方式可以讓你找出比較適合你的職業。也就是透過生日來了解自己的五行屬性，是金木水火土中的哪一個？找出自己的五行之後，再對照五行職業對照表的優、良、可、差、劣的順序，就可以找出自己最適合，以及最不適合的類別。（詳細對照的方法請參考「戊戌年出生者適合職業解析」一章。）找出來之後，也許目前最適合的職業類別不一定有

機會可以接觸，但可以參考其他還不錯的類別，依序選擇，即使沒辦法選到最好，也可以避免從事較不適合的工作。

●增加獲得面試機會的方法

當丟出履歷之後，最焦慮的莫過於等待通知的時候，究竟自己能不能獲得面試的機會，端視你的履歷是否寫得好？過去的經歷是否有加分？除了這些之外，在民俗上還有一些方法讓你可以提高能見度。

一般來說，想要提高能見度，就要避免自己被覆蓋、阻撓。傳統上，避免有人從中阻撓的方法有：

❶ **尿遁法：**能讓人避開因為小人造成的危險局面，做法是取一個500C.C.以上的寶特瓶，裝滿自己的尿液，蓋上瓶蓋。瓶蓋上須打一個約小指頭大小的孔，然後將尿瓶放在住家或房間的門後隱密處，每個月更換一次即可。

❷ **配戴墨晶：**墨晶在民俗上主要是用來防止小人作祟、從中阻撓。因此配戴墨晶也有防小人的功效。

尿遁法能讓人避開因為小人造成的危險局面。

除了防範之外，也可以進行比較積極的提升運勢法。配戴開運飾品就是一個不錯的方式，主要是以生肖的三合為依據，民俗上認為生肖三合，主貴人、帶財運。因此可以根據自己的生肖選擇配戴的飾品，例如屬老鼠的可以配戴龍或猴造型的玉器，都能達到提升運勢的效果。

生肖三合組合表

三合生肖	
鼠、龍、猴	牛、蛇、雞
虎、馬、狗	兔、羊、豬

● 增加面試的成功機會

當通過篩選，終於獲得面試機會的時候，當然不想要讓機會溜走，除了在面試當天好好表現之外，民俗上也提供一些方法，可以提升你的運勢，大大增加成功機率。

❶ **出門方向：**面試當天出門的方向，也是可以利用來接收好運的機會。如果有筆試的人可參考當天的文昌位在何處，一般的話可以參考貴方的方向，提高貴人運。面試當天的文昌或貴方怎麼找？可以參考本書的「如何運用財喜貴方」一章。

❷ **衣著：**面試當天的衣著也非常重要，是否得體對於面試的結果也有很大的影響。除了穿著適合該產業的服裝之外，配色上也是可以用心的地方。可以參考五行適合的顏色來搭

配服裝、飾品。以生日找出自己的五行之後，再針對五行適合的顏色來穿著。顏色的使用是以色系為主，例如適合紅色的，不一定需要全身紅，而是衣服的底色、配色大方向是紅色即可。也不一定要穿在外頭，例如去面試的單位規定要穿黑白套裝，就可以在內衣的部分使用開運色系，或者配戴開運色系的飾品，都可以達到效果。

配戴五帝錢可以提升運勢，提高面試成功的機會。

五行屬性色系表

木	火	土	金	水
綠色系	紅色系	黃色系	白色系	黑色系

❸ **開運飾品：**配戴具有不同效果的開運飾品，也可以強化運勢。適合配戴的有粉晶、紫水晶、五帝錢、五色線。粉晶是在異性方面有好的人緣。紫水晶在增加智慧、判斷分析方面有幫助，提升好感度。綠琉璃幫助求財。五帝錢提升運勢、面試成功的機會提高。

戊戌年太歲星君安奉與太歲符

「太歲」又稱「歲星」，每個人出生年與太歲都有對應關係，根據沖犯原則，就有「正沖」跟「偏沖」的概念產生。「正沖」就是正對自己的生肖年，而「偏沖」是指相隔六年。不管是正沖或偏沖，都屬不吉，都必須在年初「安奉太歲」，以求平安。而到了年尾則須「謝太歲」，感謝太歲整年的保佑。

● 太歲安奉法（年初安太歲）

安奉地點：可供奉在神桌上。

安奉時間：農曆正月初九、正月十五日，或選吉日安奉。

安奉供品：清茶、水果、香燭，另備壽金、太極金、天金。

安奉方法：將太歲符安放在正確位置後，備好香案，點三支香，心中默唸：「弟子○○○因本年沖犯太歲，請太歲星君到此鎮宅，保佑平安。」香燃過一半之後，即可燒化金紙，儀式完成。

●謝太歲法（年尾謝太歲）

謝太歲地點：太歲供奉處。

謝太歲時間：農曆十二月二十四日上午吉時。

謝太歲供品：清茶、水果、香燭，另備壽金、太極金、天金。

謝太歲方法：在安奉太歲符前，備好香案，點三支香，心中默唸：「弟子○○○，今備香花四果，感謝太歲星君一年的保佑。」之後取下太歲符，同金紙一同燒化即完成。

●今年需安太歲者：

正沖—相狗人：一歲、十三歲、廿五歲、卅七歲、四九歲、六一歲、七三歲、八五歲

偏沖—相龍人：七歲、十九歲、卅一歲、四三歲、五五歲、六七歲、七九歲、九一歲

太陽星君

南斗星君

唵佛勅令

太極

北斗星君

太陰娘娘

現在居住地：

勅令六甲神將

勅令天官賜福

勅令鎮宅光明

雷 雷 雷 雷 雷

太歲戊戌年姜武星君到此鎮

雷 雷 雷 雷 雷

勅令六丁天兵

勅令招財進寶

勅令闔家平安

信士
信女

奉敬

恭請

戊戌太歲姜武大將軍

到府坐鎮

●太歲稱號之差異

根據「六十甲子」的循環，太歲星君共有六十位。目前台灣各地所供奉的太歲星君，稱號都略有差異，但讀音都幾乎相近，因此有一說認為，這差異應是讀音與標記所引起。戊戌年的太歲星君為「姜武星君」。

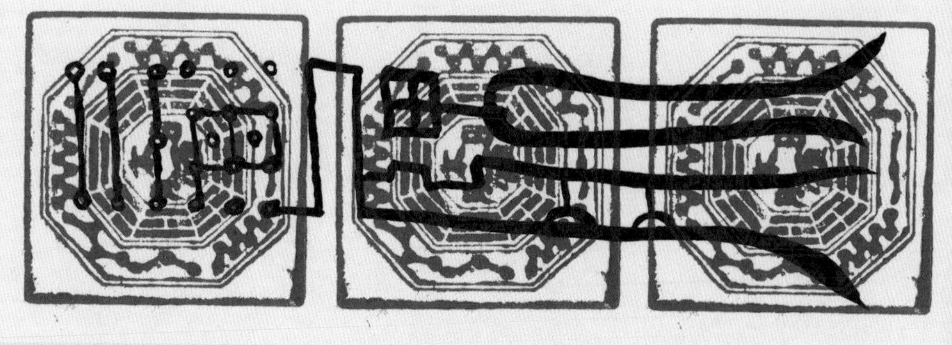

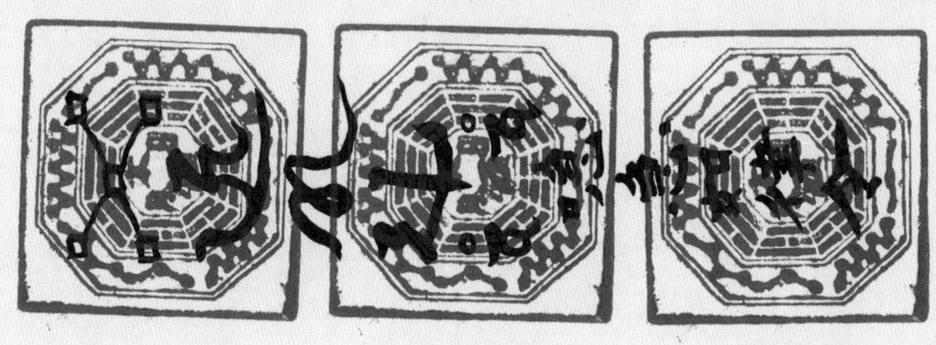

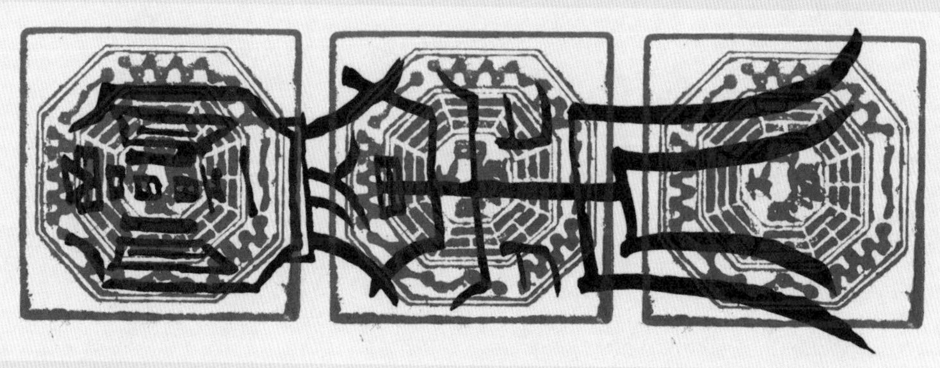

戊戌年個人招財符

謝沅瑾 命理研究中心 瑾

戊戌年居家招財符

謝沅瑾 命理研究中心 瑾

戊戌年店面招財符

謝沅瑾 命理研究中心 瑾

個人、店面、居家招財符

●招財符使用說明

本次隨書附贈之「招財符三連發」（右頁，請讀者自行剪裁），分別為個人招財符、店面招財符與居家招財符。皆由謝沅瑾老師親自繪製開光，希望能帶給讀者一個好運滿滿的戊戌年。

⊙使用方法

個人招財符收在皮夾裡，隨身攜帶。居家與店面招財符，則擺放在家裡或店裡的隱密處，一般來說，店面招財符可以擺放在收銀台或櫃台的收銀機、抽屜之中，居家招財符則可以擺放在家裡的財位上，可以更加催動財位。

此符有一整年之效力，使用前可以先拿到陽廟之主爐上過香火，更添效力。擺放或者攜帶一年之後，在農曆十二月廿四日送神日時，同金紙一起燒化即可。謝沅瑾老師在此還要提醒大家，平日若多行善積德，努力工作，則招財效果更佳！

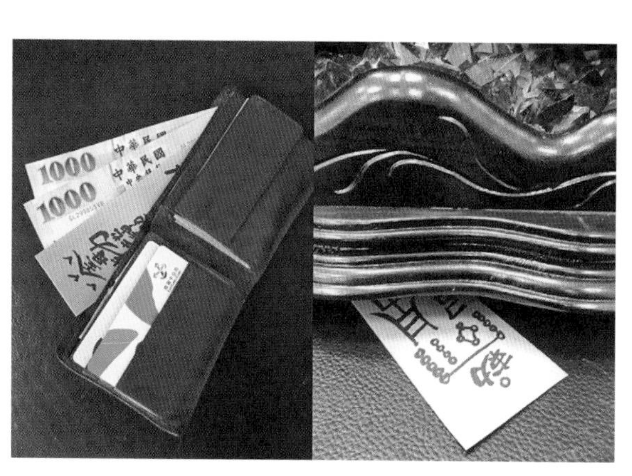

個人招財符置於皮包內，居家店面招財符則置於財位隱密處。

玩藝 0061

謝沅瑾狗年生肖運勢大解析

史上最萬用的開運工具書，謝老師親算農民曆、流年流月，招財補運風水運用，一書在案，平安招福旺整年！

謝沅瑾狗年生肖運勢大解析：史上最萬用的開運工具書，謝老師親算農民曆、流年流月，招財補運風水運用，一書在案，平安招福旺整年！ / 謝沅瑾著 . -- 初版 . -- 臺北市 : 時報文化 , 2017.12
面；　公分 . -- (玩藝 ; 61)
ISBN 978-957-13-7236-5(平裝)

1. 改運法 2. 命書
295.7　　　106021502

作　　者——謝沅瑾
書籍製作——謝沅瑾命理研究中心 瑾
攝　　影——高政全
全書設計——亞樂設計
責任編輯——施怡年
執行企劃——汪婷婷

總 編 輯——周湘琦
發 行 人——趙政岷
出 版 者——時報文化出版企業股份有限公司
10803 台北市和平西路三段二四〇號二樓
發行專線　（02）2306-6842
讀者服務專線　0800-231-705、（02）2304-7103
讀者服務傳真（02）2304-6858
郵撥　1934-4724 時報文化出版公司
信箱　台北郵政 79 ～ 99 信箱
時報悅讀網— http://www.readingtimes.com.tw
電子郵件信箱— books@readingtimes.com.tw
時報出版風格線臉書— https://www.facebook.com/bookstyle2014
法律顧問——理律法律事務所　陳長文律師、李念祖律師
印　　刷——詠豐印刷股份有限公司
初版一刷—— 2017 年 12 月 1 日
初版三刷—— 2018 年 1 月 18 日
定　　價——新台幣 380 元

服裝提供 

時報文化出版公司成立於一九七五年，
並於一九九九年股票上櫃公開發行，於二〇〇八年脫離中時集團非屬旺中，
以「尊重智慧與創意的文化事業」為信念。

謝沅瑾 二〇一八戊戌年

狗年生肖運勢大解析

想知道自己姓名與風水的問題嗎？現在只要您完整填寫讀者回函內容，並於2018/02/28前（以郵戳為憑），寄回時報文化，就有機會獲得**謝沅瑾老師面對面為您親自批算姓名鑑定與風水**等相關問題的機會喔！10位幸運的讀者名單，我們會於2018/03/12前公佈在「**時報出版風格線**」、「**謝沅瑾命理／民俗文化研究中心**」。

＊您最希望謝沅瑾老師為您解答關於姓名鑑定與風水的問題是什麼？

____

____

＊您最喜歡本書的章節與原因？

____

____

＊請問您在何處購買本書籍？

□誠品書店 □金石堂書店 □博客來網路書店 □其他網路書店
□一般傳統書店 □量販店 □其他 ________

＊請問您購買本書籍的原因？

□喜歡主題 □喜歡封面 □價格優惠 □喜歡購書禮
□喜愛作者 □工作需要 □實用 □其他 ________

＊您從何處知道本書籍？

□一般書店：________ □網路書店：________ □量販店：________
□報紙：________ □廣播：________ □電視：________
□網路媒體活動：________ □朋友推薦________ □其他 ________

【讀者資料】

姓名：________ □先生 □小姐 生辰八字：________

年齡：________ 職業：________

聯絡電話：（H）________（M）________

地址：□□□________

E-mail：________

（請務必完整填寫、字跡工整，以便流年批算及回覆）

注意事項：

★本問卷將正本寄回不得影印使用。
★本公司保有活動辦法之權利，並有權選擇最終得獎者。
★若有其他疑問，請洽客服專線：02-23066600#8219

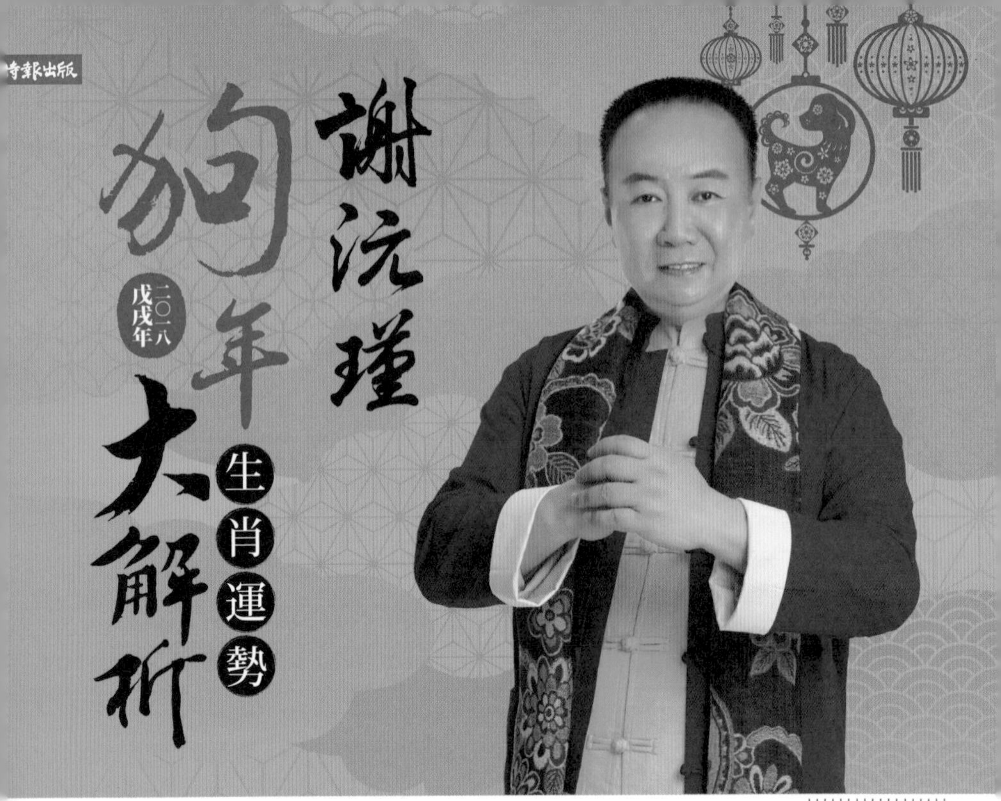

時報出版

謝沅瑾 狗年大解析

生肖運勢

二〇一八 戊戌年

※ 請對摺後直接投入郵筒，請不要使用釘書機。

時報文化出版股份有限公司

108 台北市萬華區和平西路三段 240 號 2 樓

第三編輯部 收

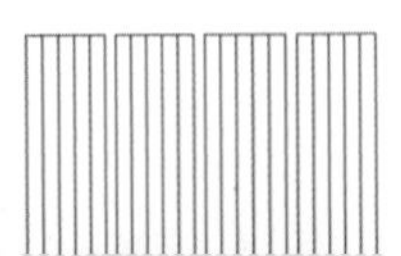

招財開運福祿葫蘆

招　　財： 招五路五方各行各業之財。

納　　福： 收納福祿財運、調和家運。

開運化煞： 針對家中房間、廁所、廚房、汽車及個人隨身配帶，開運、化解煞氣。

使用方法：

依照開運農民曆上的吉日吉時，打開葫蘆中段，放入五色寶石與招財符，放置家中、辦公室、車上或隨身攜帶，即可達到招財、納福、開運、化煞之功能。

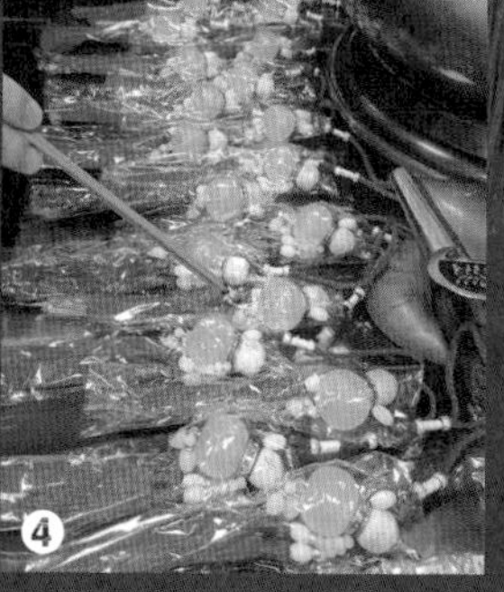

謝老師親自開光加持「招財開運福祿葫蘆掛飾」